Підстава сподіваного

Доктор Джерок Лі

«А віра то підстава сподіваного, доказ небаченого.
Догодити ж без віри не можна. Бо нею засвідчені старші були.
Вірою ми розуміємо, що віки Словом Божим збудовані,
так що з невидимого сталось видиме».
(Послання до євреїв 11:1-3)

Підстава сподіваного, Автор: Доктор Джерок Лі
Опубліковано видавництвом Урім Букс (Представник: Sungnam Vin)
73, Шіндебанзі 22, Донгйак Гу, Сеул, Корея
www.urimbooks.com

Авторські права заявлені. Цю книжку або будь-які уривки з неї забороняється відтворювати у будь-якій формі, зберігати у системі комп'ютера, зберігати у будь-якій формі та будь-яким способом: електронним, механічним, робити фотокопії, переписувати або користуватися для цього іншим способом без попереднього письмового дозволу видавця.

Якщо не написано інше, всі цитати із Біблії взяті з Біблії перекладу І.Огієнка.

Авторське право © 2020 Автор: Доктор Джерок Лі
ISBN: 979-11-263-0546-9 03230
Авторське право перекладу © 2011 Доктор Естер К. Чан. Використовується за дозволом.

Раніше видано корейською мовою видавництвом «Урім букс» у 1990 році у м. Сеул, Корея

Перше видання: Лютий 2020

Редактор: Доктор Геумсун Він
Підготовано до друку редакційним бюро Урім Букс
Надруковано компанією «Prione Прінтін»
Для більш докладної інформації звертайтеся: urimbook@hotmail.com

Передмова

Понад усе я вдячний Богові і віддаю славу Йому за те, що Він дозволив нам опублікувати цю книжку.

Бог, Який є Любов, віддав Свого єдиного Сина, Ісуса Христа, бути жертвою спокути для людства, яке було приречене на загибель через гріх Адама, і проклав для нас шлях спасіння. Маючи віру, кожен, хто відкриває своє серце і приймає Ісуса Христа як свого Спасителя, отримує прощення гріхів, отримує дар Святого Духа і визнається Богом як Його дитина. Крім того, як Боже дитя, людина має право отримувати відповіді на всі свої прохання, які робить з вірою. В результаті людина отримує багате життя і ні в чому не відчуває нестачі, має можливість переможно долати цей світ.

Біблія говорить нам, що отці віри вірили у Божу силу, Який створював щось із нічого. Вони відчули дивовижні справи Бога. Наш Бог вчора, сьогодні і завтра незмінний, і Він Своєю всемогутньою силою досі чинить такі саме справи тим, хто вірить у Боже слово, яке записане в Біблії, і здійснює його на практиці.

У моєму служінні протягом минулого десятиріччя я був свідком того, як безліч членів церкви Манмін отримали відповіді і вирішили багато проблем, які вони переживали у своєму житті, повіривши і скорившись слову істини, і прославили Бога. Коли вони повірили у Боже слово, яке говорить: *«Царство Небесне здобувається силою, і ті, хто вживає зусилля, хапають його»* (Євангеліє від Матвія 11:12), і вони працювали без перепочинку і здійснювали на практиці Боже слово для того, щоби отримати більшу віру, вони виглядали більш дорогоцінними і прекрасними для мене ніж будь-що.

Ця робота для тих, хто дійсно бажає мати життя переможця, мати істинну віру, щоби прославляти Бога, поширювати Божу любов і ділитися Господнім Євангелієм.

За останні двадцять років я багато проповідував на тему «Віра». Тож відредагувавши та склавши у певному порядку записи своїх проповідей, я отримав цю книжку, яку згодом зміг опублікувати. Бажаю, щоби ця книжка, яка має назву *Віра: Підстава сподіваного*, відіграла роль маяка, який скеровує і направляє безліч душ до істинної віри.

Вітер дме куди йому заманеться. Ми його не бачимо. Однак, дивлячись, як гойдаються дерева, ми можемо відчути його дійсність. Так само ви не можете побачити Бога неозброєним оком, але Він живий і дійсно існує. Тому відповідно до вашої віри у Нього, до якої міри ви бажаєте, ви зможете побачити, почути і відчути Його присутність, відчути Його.

Джерок Лі

Зміст

Підстава сподіваного

Передмова

Розділ 1
Тілесна віра і духовна віра   1

Розділ 2
Думка тілесна – ворожнеча на Бога   13

Розділ 3
Зруйнуйте будь-які задуми і теорії   29

Розділ 4
Сійте зерна віри   43

Розділ 5
«Щодо того твого «коли можеш», – то тому, хто вірує, все можливе!»   57

Розділ 6
Даниїл покладався лише на Бога   71

Розділ 7
Господь нагледить   85

Розділ 1

Тілесна віра і духовна віра

А віра то підстава сподіваного,
доказ небаченого.
Бо нею засвідчені старші були.
Вірою ми розуміємо,
що віки Словом Божим збудовані,
так що з невидимого сталось видиме.

Послання до євреїв 11:1-3

Пастор радіє, коли бачить, що його стадо має істинну віру і прославляє Бога. З іншої сторони, коли хтось із людей свідчить про живого Бога і своє життя у Христі, пастор може радіти і завзятіше виконувати завдання, даного йому Богом. З іншої сторони, коли люди не можуть удосконалити свою віру, і їх спіткають випробування і страждання, пастор відчуває біль, його серце непокоїться.

Без віри не лише неможливо задовольнити Бога і отримати Його відповіді на молитви, але також буде дуже важко мати надію на небеса і жити у вірі.

Віра – найважливіша основа у житті християнина. Це найкоротший шлях до спасіння і, по суті, необхідна для отримання відповідей від Бога. У наші часи оскільки люди не мають уявлення щодо правильного визначення віри, багато хто з них не має істинної віри. Вони не мають упевненості у спасінні. Вони не можуть ходити у світлі та не можуть отримати Божі відповіді, хоча визнають свою віру в Бога.

Віра поділяється на дві категорії: тілесна віра і духовна віра. У першому розділі цієї книжки розповідається, якою саме є істинна віра, і як ви можете отримати відповіді від Бога і направлятися на шляху вічного життя через істинну віру.

1. Тілесна віра

Якщо ви вірите у те, що бачите своїми очима, що узгоджується з вашими знаннями і думками, ваша віра – «тілесна». Маючи таку віру, ви можете лише вірити у те, що зроблено із чогось видимого. Наприклад, ви вірите, що письмовий стіл виготовлений із дерева.

Тілесна віра також називається «вірою обізнаності». Маючи таку тілесну віру ви вірите лише у те, що узгоджується зі знаннями, які зберігаються у вашому розумі і думках. Ви можете без сумнівів повірити, що письмовий стіл виготовлений із дерева, тому що бачили або чули, що столи виготовляють із дерева, і це закріпилося у вашому розумі.

Люди здатні запам'ятовувати. Вони завантажують багато знань з дитинства, які відкладаються у клітинах мозку: те, що вони побачили, почули, здобули від своїх батьків, братів та сестер, товаришів, ближніх, чого їх навчали у школі, і за необхідністю використовують накопичені знання.

Не всі знання, які зберігаються у нашому мозку, дружать з істиною. Боже слово – це істина, бо воно вічне, тоді як земні знання легко змінюються, вони є сумішшю істини і неправди. Оскільки люди не мають повного розуміння істини, земні люди не розуміють, що неправду використовували у якості правди. Наприклад, люди вірять у правдивість теорії еволюції, тому що зі школи вони пам'ятають лише її, і вони зовсім не знають Боже слово.

Люди, яких навчили, що все виникло із того, що вже існувало, не можуть повірити у те, що щось виникло із нічого.

Якщо людину, яка має тілесну віру, змусити повірити у те, що щось виникло із нічого, знання, які вона накопичила, те, у що вона вірила від народження, заважатимуть їй, і сумніви супроводжуватимуть людину всюди.

У третій главі Євангелія від Івана один із фарисеїв на ім'я Никодим, начальник юдейський, звернувся до Ісуса з духовними запитаннями. Під час розмови Ісус сказав йому: *«Коли Я говорив вам про земне, та не вірите ви, то як же повірите ви, коли Я говоритиму вам про небесне?»* (вірш 12)

На початку свого християнського життя ви накопичуєте знання Божого слова всюди, де чуєте його. Але ви не можете повністю повірити у нього, тож ваша віра тілесна. Маючи тілесну віру, у вас народжуються сумніви і ви не можете жити за Божим словом, спілкуватися з Богом і отримувати Його любов. Тому тілесна віра також називається «вірою без дії» або «мертвою вірою».

Маючи тілесну віру, ви не зможете отримати спасіння. В

Євангелії від Матвія 7:21 Ісус сказав: *«Не кожен, хто каже до Мене: Господи, Господи! увійде в Царство Небесне, але той, хто виконує волю Мого Отця, що на небі».* А також в Євангелії від Матвія 3:12 написано: *«У руці Своїй має Він віячку, і перечистить Свій тік: пшеницю Свою Він збере до засіків, а полову попалить ув огні невгасимім».* Тобто якщо ви не будете застосовувати у житті Боже слово, і ваша віра стане вірою без дії, ви не зможете увійти до Небесного Царства.

2. Духовна віра

Якщо ви вірите у те, що неможливо побачити, та у те, що не узгоджується з людськими думками та знаннями, вважається, що ви маєте духовну віру. За допомогою цієї віри ви можете вірити у те, що щось створене із нічого.

У Посланні до євреїв 11:1 дається визначення віри: *«А віра – то підстава сподіваного, доказ небаченого».* Інакше кажучи, якщо подивитися на речі духовними очима, вони стануть для вас реальністю, і якщо ви бачите очима віри те, чого фізично побачити неможливо, проявляється упевненість, завдяки якій ви вірите. Завдяки духовній вірі те, що неможливо зробити за допомогою фізичної віри, або «віри-обізнаності», може стати можливим і виявиться як реальність.

Наприклад, коли Мойсей дивився очима віри, Червоне море розступилося і народ Ізраїлю перейшов його суходолом (Книга Вихід 14:21-22). І коли Ісус Навин, спадкоємець Мойсея, та його народ подивилися на місто Єрихон і протягом семи днів ходили навколо міста, а потім закричали біля стіни міста, стіна зруйнувалася (Книга Ісуса Навина 6:12-20). Авраам, отець віри, скорився Божому наказу віддати у жертву свого єдиного сина Ісака, який був зерном Божої обітниці, тому що він вірив, що Бог зможе воскресити його (Книга Буття 22:3-12). Це одна із причин, чому духовна віра називається «вірою, що супроводжується ділами», і «живою вірою».

У Посланні до євреїв 11:3 написано: *«Вірою ми розуміємо, що віки Словом Божим збудовані, так що з невидимого сталось видиме»*. Небо і земля, і все, що на них, включаючи сонце, місяць, зірки, дерева, пташок, риб і звірів, були створені за Божим словом. А людину Він створив з пороху земного. Все це було створено із нічого, і ми віримо у цей факт і розуміємо його лише за допомогою духовної віри.

Не все ми могли бачити очима, не все було видимим, але силою Бога, за допомогою Божого Слова, все було створене. Тому ми визнаємо, що Бог всемогутній і всезнаючий, і від Нього ми можемо отримати все, про що попросимо з вірою. Тому що всемогутній Бог – це наш Отець, а ми – Його діти, тож Він робить для нас все за нашою вірою.

Щоби отримати відповіді та відчути дива за вірою, ви повинні перетворити тілесну віру на віру духовну. Спершу ви повинні зрозуміти, що знання, накопичені у розумі від народження, і тілесна віра, яка виникла на основі цих знань, заважає нам отримати духовну віру. Ви повинні зруйнувати знання, які змушують сумніватися, і позбутися знань, які накопичилися у вашій голові. Чим більше ви слухаєте і розумієте Боже слово, тим більше духовного знання накопичується в вас. І наскільки ви бачите знаки і дива, які чиняться за допомогою Божої сили, і бачите докази живого Бога, які проявляються через свідчення багатьох віруючих, сумніви зникають, і ваша духовна віра росте.

З ростом духовної віри ви можете жити за Божим словом, мати спілкування з Ним і отримувати відповіді від Нього. Коли ви повністю позбудетеся сумнівів, ви можете стояти на скелі віри і вважається, що ви маєте міцну віру, завдяки якій ви матимете переможне життя під час будь-яких випробувань і спокус.

У Посланні Якова 1:6 нам дається попередження: *«Але нехай просить із вірою, без жадного сумніву. Бо хто має сумнів, той подібний до морської хвилі, яку жене й кидає вітер».* А також у Посланні Якова 2:14 запитується: *«Яка користь, брати мої, коли хто говорить, що має віру, але діл не має? Чи може спасти його віра?»*

Тому я спонукаю вас, щоби ви пам'ятали, що лише коли ви позбудетеся всіх сумнівів, станете на скелі віри і явите діла віри, можна вважати, що ви маєте духовну та істинну віру, завдяки якій отримаєте спасіння.

3. Істинна віра та вічне життя

Притча про мудрих та нерозумних дів, яка записана у 25 главі Євангелія від Матвія, має для нас багато уроків. У притчі розповідається, що десять дів взяли свої каганці та й пішли зустрічати молодого. П'ятеро з них були мудрі і набрали оливи в посудинки разом зі своїми каганцями і зустріли молодого. А інші п'ятеро були нерозумними. Вони не взяли оливи з собою, тож вони не змогли зустріти молодого. Ця притча говорить нам про те, що серед віруючих ті люди, чиє життя сповнене віри, хто має духовну віру і готовий до повернення Господа, отримає спасіння, тоді як інші, які не приготувалися, не отримають спасіння, тому що їхня віра мертва і не супроводжується ділами.

В Євангелії від Матвія 7:22-23 Ісус пробуджує нас, говорячи, що незважаючи на те, що багато хто пророкував, виганяв демонів та творив великі чуда в Його Ім'я, не всі вони отримають спасіння. Тому що вони виявилися половою, не виконали Божу волю, але чинили беззаконня і грішили.

Як відрізнити пшеницю від полови?

У тлумачному словнику української мови подається визначення слова «полова»: «Відходи при обмолочуванні й очищуванні зерна хлібних злаків, льону та деяких інших культур, що використовуються». Полова духовно означає віруючих, які нібито живуть за Божим словом, але чинять лихе і не змінюються, на них не впливає істина. Вони ходять до церкви кожної неділі, віддають десятину, моляться Богові, піклуються про слабких членів, служать у церкві, але все це роблять не заради Бога, а для того, щоби зробити видимість для оточуючих. Тому їх називають половою, і такі люди не можуть отримати спасіння.

Пшениця означає віруючих, які стали людьми духу за словом Божої істини і набули віри, яку неможливо похитнути за будь-яких обставин, яка не поверне ні вправо, ані в вліво. Вони все роблять за вірою: постять і моляться Богові за вірою, так що отримують відповіді від Бога. Вони не діють за примусом інших людей, але все роблять з радістю і подякою. Оскільки вони тримаються голосу Святого Духа, щоби задовольнити Бога, і діють за вірою, їхні душі процвітають, у них все ведеться добре і вони мають гарне здоров'я.

Я спонукаю вас дослідити себе, чи поклонялися ви Богові в дусі та істині, або дрімали, маючи марні думки або судили Боже слово на богослужіннях. Ви також повинні озирнутися, щоби зрозуміти, чи віддавали ви пожертвування з радістю, або сіяли убого чи неохоче, поглядаючи на інших. Чим сильнішою стає ваша духовна віра, тим більшими будуть ваші справи. І чим більше ви застосовуватимете на практиці Боже слово, тим більшою буде ваша жива віра, а ви житимете у любові і благословеннях Божих, ходитимете з Ним і будете успішними в усьому. Ви отримаєте всі благословення, які записані в Біблії, тому що Бог вірний Своїм обітницям, як записано в Книзі Числа 23:19: *«Бог не чоловік, щоб неправду казати, і Він не син людський, щоб Йому жалкувати. Чи ж Він був сказав і не зробить, чи ж Він говорив та й не виконає?»*

Однак якщо ви регулярно ходили на богослужіння, молилися і старанно виконували своє служіння в церкві, але не отримали бажання свого серця, тоді ви повинні зрозуміти, що ви зробили щось неправильно.

Якщо ви маєте істинну віру, ви повинні дотримуватися Божого слова і втілювати його у життя. Замість того, щоби наполягати на власних думках і знаннях, ви повинні визнати, що лише Боже слово – це істина, і мати мужність знищити все, що протистоїть Божому слову. Ви повинні відкинути будь-яке зло, старанно слухаючи Боже слово, досягаючи освячення завдяки невпинним молитвам.

Неправда в тому, що ви отримали спасіння лише відвідуючи богослужіння і слухаючи Боже слово, накопичуючи його як знання. Якщо ви не будете його застосовувати на практиці, ваша віра буде мертвою, без діл. Лише коли ви отримаєте істинну духовну віру і виконуватимете Божу волю, ви зможете увійти до Небесного Царства і насолодитися вічним життям.

Я бажаю, щоби ви зрозуміли, що Бог хоче, щоби ви мали духовну віру, яка супроводжується діями, і насолоджувалися вічним життям і перевагами дітей Божих, які мають істинну віру!

Розділ 2

Думка тілесна – ворожнеча на Бога

«Бо ті, хто ходить за тілом,
думають про тілесне, а хто за духом про духовне.
Бо думка тілесна то смерть, а думка духовна життя та мир,
думка бо тілесна ворожнеча на Бога,
бо не кориться Законові Божому, та й не може.
І ті, хто ходить за тілом,
не можуть догодити Богові».

Послання до римлян 8:5-8

У наш час є багато людей, які ходять у церкву і відкрито заявляють про свою віру в Ісуса Христа. Це радісні і добрі новини для нас. Але наш Господь Ісус сказав в Євангелії від Матвія 7:21: *«Не кожен, хто каже до Мене: Господи, Господи! увійде в Царство Небесне, але той, хто виконує волю Мого Отця, що на небі».* А також в Євангелії від Матвія 7:22-23 Він промовив: *«Багато-хто скажуть Мені того дня: Господи, Господи, хіба ми не Ім'ям Твоїм пророкували, хіба не Ім'ям Твоїм демонів ми виганяли, або не Ім'ям Твоїм чуда великі творили? І їм оголошу Я тоді: Я ніколи не знав вас... Відійдіть від Мене, хто чинить беззаконня!»*

У Посланні Якова 2:26 написано: *«Бо як тіло без духа мертве, так і віра без діл мертва!»* Тому ви повинні зробити вашу віру повною через справи покори, щоби ви були визнані істинними Божими дітьми, які отримують все, про що просять.

Після того, як ми прийняли Ісуса Христа як свого Спасителя, ми втішаємося і виконуємо закон Божий своїм розумом. Однак якщо ми не будемо виконувати Божі накази, тоді ми служитимемо закону гріха своєю плоттю і не зможемо задовольнити Його. Це тому, що завдяки тілесним думкам ми стали ворожими до Бога і не можемо підкоритися Божому закону.

Але якщо ми позбавимося тілесних думок і матимемо лише духовні думки, нас вестиме Дух Божий, ми виконуватимемо Його накази і догоджатимемо Йому саме як Ісус виконував закон з любов'ю. Тож на нас зійде Божа обітниця: «Тому, хто вірує, все можливе!»

Тепер давайте поміркуємо, яка різниця між тілесними і духовними думками. Давайте подумаємо, чому тілесні думки ворожі для Бога, і яким чином ми можемо уникнути тілесних думок і ходити за Духом, щоби догоджати Богові.

1. Тілесна людина має тілесні бажання, а духовна бажає духовного

1) Тіло і бажання тіла.

В Біблії ми читаємо про «тіло», «пожадливості тіла», а також про «учинки тіла». Ці слова подібні за значенням; все це зникне, коли ми підемо з цього світу.

Про вчинки/діла віри написано у Посланні до галатів 5:19-21: *«Учинки тіла явні, то є: перелюб, нечистість, розпуста, ідолослуження, чари, ворожнечі, сварка, заздрість, гнів, суперечки, незгоди, єресі, завидки, п'янство, гулянки й подібне до цього. Я про це попереджую вас, як і попереджав був, що хто чинить таке, не вспадкують вони Царства Божого!»*

У Посланні до римлян 13:12-14 апостол Павло

попереджає нас про пожадливості тіла: *«Ніч минула, а день наблизився, тож відкиньмо вчинки темряви й зодягнімось у зброю світла. Як удень, поступаймо доброчесно, не в гульні та п'янстві, не в перелюбі та розпусті, не в сварні та заздрощах, але зодягніться Господом Ісусом Христом, а догодження тілу не обертайте на пожадливість!»*

Ми вважаємо себе розумними. Коли ми даємо притулок гріховним бажанням та неправді, ці гріховні бажання і неправду можна назвати «пожадливостями тіла», а коли ці гріховні бажання проявляються у справах, вони називаються «вчинками тіла». Бажання і вчинки тіла протистоять істині, тож люди, які чинять таке, не можуть успадкувати Боже Царство.

Тому у 1 Посланні до коринтян 6:9-10 Бог попереджає нас: *«Хіба ви не знаєте, що неправедні не вспадкують Божого Царства? Не обманюйте себе: ні розпусники, ні ідоляни, ні перелюбники, ні блудодійники, ні мужоложники, ні злодії, ні користолюбці, ні п'яниці, ні злоріки, ні хижаки Царства Божого не вспадкують вони!»* А також у 1 Посланні до коринтян 3:16-17 Він говорить: *«Чи не знаєте ви, що ви Божий храм, і Дух Божий у вас пробуває? Як хто нівечить Божого храма, того знівечить Бог, бо храм Божий святий, а храм той то ви!»*

Як перед цим було сказано, ви повинні зрозуміти, що неправедні люди, які чинять гріхи і зло, не можуть успадкувати Боже Царство, люди, які чинять діла тіла, не можуть отримати спасіння. Пильнуйте, щоби не спокуситися словами проповідників, які говорять, що ви можете отримати спасіння лише відвідуючи церкву. В ім'я нашого Господа я прошу, щоби ви не спокусилися і старанно досліджували Боже слово.

2) Дух і бажання Духа.

Людина складається з духу, душі і тіла. Наше тіло тлінне. Тіло – це лише притулок для нашої душі та духу. Дух і душа – поняття вічні, які змушують нас думати і роблять нас живими особами.

Дух має дві категорії: дух, який належить Богові, і дух, який не належить Богові. Тому у 1 Посланні Івана 4:1 написано: *«Улюблені, не кожному духові вірте, але випробовуйте духів, чи від Бога вони, бо неправдивих пророків багато з'явилося в світ»*.

Дух Божий допомагає нам визнати, що Ісус Христос прийшов у тілі, і щоби ми знали про речі, від Бога даровані нам (1 Послання Івана 4:2; 1 Послання до коринтян 2:12).

В Євангелії від Івана 3:6 Ісус сказав: *«Що вродилося з тіла є тіло, що ж уродилося з Духа є дух»*. Якщо ми прийняли Ісуса Христа і отримали Святого Духа, Святий Дух увійде у наше серце, дасть нам силу зрозуміти Боже слово, допоможе нам жити за словом істини і допоможе нам стати людьми духу. Коли Святий Дух входить у наше серце, Він оживляє наш мертвий дух, тож сказано, що ми народжуємося знову від Духу і освячуємося через обрізання свого серця.

Наш Господь Ісус в Євангелії від Івана 4:24 сказав: *«Бог є Дух, і ті, що Йому вклоняються, повинні в дусі та в правді вклонятись»*. Дух належить до чотиривимірного світу, отже Бог, Який є дух, не лише бачить серце кожного з нас, але знає про нас все.

В Євангелії від Івана 6:63 написано: *«То дух, що оживлює, тіло ж не помагає нічого. Слова, що їх Я говорив вам, то дух і життя»*. Ісус пояснює нам, що Святий Дух дає нам життя, і Боже слово – це дух.

В Євангелії від Івана 14:16-17 написано: *«І вблагаю Отця Я, і Втішителя іншого дасть вам, щоб із вами повік перебував, Духа правди, що Його світ прийняти не може, бо не бачить Його та не знає Його. Його знаєте ви, бо при вас перебуває, і в вас буде Він»*. Якщо ми приймемо Святого Духа і станемо Божими дітьми, Святий Дух поведе нас до істини.

Святий Дух живе в нас після того, як ми прийняли Господа, і народжує в нас дух. Він веде нас до істини і допомагає зрозуміти всю неправду, покаятися і відвернутися від усіх гріхів. Якщо ми протистоїмо істині, Святий Дух стогне, змушує нас непокоїтися, спонукає нас зрозуміти свої гріхи і досягти освячення.

Крім того, Святий Дух називається Духом Божим (1 Послання до коринтян 12:3), а також Духом Господнім (Книга Дії 5:9; 8:39). Дух Божий – це вічна Істина і життєдайний Дух, що веде нас до вічного життя.

З іншого боку дух, який не належить Богові, але протистоїть Духові Божому, не визнає, що Ісус прийшов у цей світ у тілі. Такий дух називається «духом світу» (1 Послання до коринтян 2:12), «духом антихриста» (1 Послання Івана 4:3), «духами підступними» (1 Послання до Тимофія 4:1), а також «духами нечистими» (Об'явлення 16:13). Все це – духи диявольські. Вони не від Духа істини. Ці духи неправди не дають життя, але навпаки, знищують людей.

Святий Дух означає бездоганний Дух Божий, а отже, коли ми приймаємо Ісуса Христа і стаємо Божими дітьми, ми отримуємо Святого Духа, а Святий Дух народжує дух праведності в нас, зміцнює нас, щоби ми приносили плід Святого Духу, праведності і Світла. Якщо ми схожі на Бога завдяки роботі Святого Духу, Він вестиме нас, ми називатимемося синами Божими і називатимемо Бога «Авва, Отче!», бо ми отримали духа синівства (Послання до римлян 8:12-15).

Тому, якщо нас вестиме Святий Дух, ми приноситимемо дев'ять плодів Святого Духа: любов, радість, мир, довготерпіння, добрість, милосердя, віру, здержливість та лагідність (Послання до галатів 5:22-23). Ми також приносимо плід праведності і плоди Світла, який полягає у добрості, праведності і правді, за допомогою яких ми можемо досягти повного спасіння (Послання до ефесян 5:9).

2. Тілесні думки ведуть до смерті, а духовні – до життя і миру

Якщо ви тримаєтеся тіла, ви прагнете тілесного. Ви житимете за тілом і чинитимете гріхи. Тоді за Божим словом, в якому говориться, що «заплата за гріх – смерть», ви отримаєте лише смерть. Тому Господь запитує нас: *«Яка користь, брати мої, коли хто говорить, що має віру, але діл не має? Чи може спасти його віра? Так само й віра, коли діл не має, мертва в собі!»* (Послання Якова 2:14, 17)

Якщо ви прагнете до тілесного, це змусить вас не лише грішити і переживати труднощі на землі, але ви не зможете успадкувати Царство Небесне. Отже ви повинні розуміти це і знищити діла тіла, щоби отримати вічне життя (Послання до римлян 8:13).

І навпаки, якщо ви дотримуєтеся Духу, ви прагнутимете

Духу і намагатиметесь жити за істиною. Тоді Святий Дух допоможе вам боротися з ворогом, сатаною та дияволом, позбутися неправди і ходити в істині, і тоді ви станете освяченими.

Припустимо, хтось вдарив вас по щоці без будь-якої причини. Ви можете розлютитися. Але ви можете прогнати тілесні думки, і замість того триматися духовних думок, пам'ятаючи розп'яття Ісуса. Оскільки Боже слово говорить, щоби ми підставили іншу щоку, і за будь-яких обставин радіти, ви можете простити, стерпіти і бути корисним іншим людям. Отже вам не треба хвилюватися. Так у вашому серці настане спокій. Доки ви не освятитеся, ви можете дорікати тій людині, бо зло залишатиметься в вас. Але після того, як ви позбудетеся будь-якого зла, ви відчуєте любов до тієї людини незважаючи на те, що ви визнаєте її провини.

Отже, якщо ви прагнете духу, ви шукатимете духовного і житимете у світі істини. Тоді в результаті ви отримаєте спасіння та істинне життя, і ваше життя сповниться спокою і благословення.

3. Тілесні думки ворожі для Бога

Тілесні думки заважають вам молилися Богові, а духовні – спонукають молилися Йому. Тілесні думки призводять до ворожнечі і чвар, тоді як духовні ведуть до любові і миру. Так само, тілесні думки протилежать істині, і вони насправді є волею і думками ворога-диявола. Тому якщо ви продовжуватимете дотримуватись тілесних думок, між вами і Богом виникне перешкода, що заважатиме Божій волі щодо вас.

Тілесні думки не приносять спокою, вони приносять лише занепокоєння, тривогу і неспокій. Одним словом, тілесні думки абсолютно безглузді і від них немає жодної користі. Наш Бог-Отець всемогутній і всезнаючий. Як Творець, Він управляє небом і землею, та всім, що на них, а також нашим духом і тілом. Чи може Він не дати Своїм улюбленим дітям? Якби ваш батько був президентом великої промислової кампанії, вам би не довелося хвилюватися щодо грошей, а якби ваш батько був гарним лікарем, ви би не боялися захворіти.

Як сказав Ісус в Євангелії від Марка 9:23: *«Щодо того твого коли можеш, то тому, хто вірує, все можливе!»*, духовні думки дають вам віру і спокій, тоді як тілесні думки відвертають від виконання Божої волі і Його справ, змушують тривожитися, непокоїтися і хвилюватися. Тому у Посланні до римлян 8:7 стосовно тілесних думок написано: *«Думка бо тілесна ворожнеча на Бога, бо не кориться Законові Божому, та й не може»*.

Ми – діти Божі, які служать Богові і називають Його «Отче». Якщо у вас немає радості, але ви непокоїтеся, засмучуєтеся і хвилюєтеся, це свідчить про те, що ви дотримуєтеся тілесних думок, до яких вас спонукає ворог, сатана і диявол, замість духовних думок, які дає нам Бог. Тоді ви маєте негайно покаятися у цьому, позбутися цих думок і звернутися до духовного. Бо ми можемо підкоритися Богові і скоритися Йому лише маючи духовні думки.

4. Тілесні люди не можуть догодити Богові

Люди, які прагнуть тілесного, протистоять Богові і не коряться закону Божому. Вони не слухаються Бога і не можуть догодити Йому, а зрештою страждають від випробувань і лиха.

Оскільки Авраам, отець віри, завжди шукав духовного, він скорився навіть Божому наказу принести у жертву цілопалення свого єдиного сина Ісака. І навпаки, цар Саул, який мав лише тілесні думки, згодом залишився на самоті. Йону викинули у відкрите море, і його проковтнула риба. Народ Ізраїлю мав блукати пустелею протягом 40 років після свого виходу з Єгипту.

Якщо ви дотримуєтеся духовних думок і являєте справи віри, бажання вашого серця можуть справдитися, саме як було обіцяно у Книзі Псалмів 37:4-6: *«Хай ГОСПОДЬ буде розкіш твоя, і Він сповнить тобі твого серця бажання! На ГОСПОДА здай дорогу свою, і на Нього надію клади, і Він зробить, і Він випровадить, немов світло, твою справедливість, а правду твою немов південь».*

Людина, яка дійсно вірить у Бога, повинна позбутися непослуху, що спричинений справами ворога-диявола, виконувати Божі накази і чинити те, що догоджає Богові. Тоді така людина стане духовною, зможе отримати все, про що попросить Бога.

5. Яким чином ми можемо виконувати діла Духа?

Ісус, Син Божий, прийшов у цей світ і став зерном пшениці для грішників і помер за них. Він вимостив дорогу до спасіння для кожного, хто прийме Його і стане дитям Божим, Він зібрав великий врожай. Він мав лише духовні думки і корився Божій волі. Він воскрешав мертвих, уздоровлював хворих і поширював Боже Царство.

Що ви маєте робити, щоби бути схожими на Ісуса і догодити Богові?

По-перше, ви повинні жити за допомогою Святого Духу у молитвах.

Якщо ви не молитеся, вами заволодіє сатана, і ви житимете відповідно до тілесних думок. Однак якщо ви невпинно молитеся, ви можете отримати справи Святого Духу, переконатися у тому, що таке праведність, протистояти гріху, позбутися осудження, дотримуватися бажань Святого Духу і стати праведними в очах Бога. Навіть Божий Син, Ісус, виконав справи Бога завдяки молитвам. Оскільки Бог бажає, щоби ми безперестанно молилися, ви можете дотримуватися лише духовних думок і догоджати Богові.

По-друге, ви повинні досягти духовних справ, навіть якщо не бажаєте того. Віра без діл – лише віра-обізнаність. Це мертва віра. Якщо ви знаєте, що маєте робити, але не робите, це – гріх. Тож якщо ви хочете дотримуватися Божої волі і догоджати Йому, ви повинні явити діла віри.

По-третє, ви повинні покаятися і отримати силу згори, щоби отримати віру, що супроводжується справами. Оскільки тілесні думки ворожі і огидні для Бога, створюють стіну гріха між вами і Богом, ви повинні покаятися і позбутися їх. Покаяння завжди необхідне для гарного християнського життя. Але щоби позбутися гріхів, ви повинні дослідити своє серце і покаятися.

Якщо ви чините гріхи, про які вам відомо, ви відчуваєте незручність. Якщо ви покаєтеся у щирих молитвах, тривоги і турботи залишать вас, ви оживитесь, примиритесь із Богом, відновите мир, і тоді зможете отримати бажання свого серця. Якщо ви продовжите молитися, щоби позбутися будь-якого зла, ви покаєтеся у гріхах, розкраявши своє серце. Всі ознаки гріховного життя згорять у вогні Святого Духу, і стіни гріха зруйнуються. Тоді ви зможете жити за ділами Духу і відповідно догоджати Богові.

Якщо ви відчуєте себе обтяженими після того як отримали Святого Духа через віру в Ісуса Христа, це тому що тепер виявилось, що ви протистояли Богові своїми тілесними думками. Отже ви повинні зруйнувати стіну гріха завдяки щирим молитвам, а потім дотримуватися бажань Святого Духу, і чинити діла Духу відповідно до духовних думок. В результаті у ваше серце прийдуть мир і радість, ви отримаєте відповіді на молитви, а також виповняться бажання вашого серця.

Як Ісус сказав в Євангелії від Марка 9:23: *«Щодо того твого «коли можеш», – то тому, хто вірує, все можливе!»*, нехай кожен з вас позбудеться тілесних думок, які протистоять Богові, і ходить у вірі відповідно до діл Святого Духу, щоби ви могли догоджати Богові, чинити безліч справ і збільшувати Його Царство. Я молюся про це в ім'я Господа нашого Ісуса Христа!

Розділ 3

Зруйнуйте будь-які задуми і теорії

«Бо ходячи в тілі,
не за тілом воюємо ми,
зброя бо нашого воювання не тілесна,
але міцна Богом на зруйнування твердинь,
ми руйнуємо задуми, і всяке винесення,
що підіймається проти пізнання Бога,
і полонимо всяке знання на послух Христові,
і покарати ми готові всякий непослух,
коли здійсниться послух ваш».

———※———

2 Послання до коринтян 10:3-6

Крім того, віру можна поділити на дві категорії: духовна віра і тілесна віра. Тілесну віру ще можна назвати вірою-знанням. Коли ви вперше почули Боже слово, ви отримуєте віру-знання. Це тілесна віра. Але коли ви розумієте і застосовуєте на практиці слово, ви отримуєте духовну віру.

Якщо ви розумієте духовні значення слова Божої істини і закладаєте основу віри застосовуючи його на практиці, Бог радітиме і дасть вам духовну віру. Отже завдяки цій духовній вірі, яку ви отримаєте згори, ви отримаєте відповіді на свої молитви і рішення своїх проблем. Ви також зустрінете живого Бога.

Завдяки цьому досвіду вас залишать сумніви, зруйнуються людські задуми і припущення, і ви постанете на скелю віри, де вас не зможуть струсити жодні випробування чи біди. Коли ви станете людиною істини, а серцем уподібнитеся Христу, це означає, що ваша основа віри закладена правильно і надовго. Маючи таку основу віри, ви можете отримати все, про що попросите з вірою.

Саме як наш Господь Ісус сказав в Євангелії від Матвія 8:13: *«Іди, і як повірив ти, нехай так тобі й станеться!»*, якщо ви отримали повну духовну віру, завдяки цій вірі ви можете отримати все, про що попросите. Ви можете прославляти Бога в усіх своїх справах, перебуватимете у любові і у фортеці Божій, станете втіхою для Бога.

Тепер давайте розглянемо декілька речей, які

стосуються духовної віри. Що заважає отримати духовну віру? Як отримати духовну віру? Які благословення отримали отці духовної віри, про яких написано в Біблії? І зрештою ми дізнаємося про те, чому люди, які прагнули тілесних думок, були покинуті.

1. Що заважає отримати духовну віру?

Маючи духовну віру, ви матимете зв'язок з Богом. Ви можете чітко почути голос Святого Духа. Ви можете отримати відповіді на свої молитви і прохання. Ви можете прославляти Бога, коли ви їсте, п'єте, та робите будь-що. І ви житимете у прихильності, визнанні та у запоруці Бога у своєму житті.

Тож чому люди не можуть отримати духовну віру? Давайте розглянемо, які фактори заважають нам отримати духовну віру.

1) Духовні думки.

У Посланні до римлян 8:6-7 написано: *«Бо думка тілесна то смерть, а думка духовна життя та мир, думка бо тілесна ворожнеча на Бога, бо не кориться Законові Божому, та й не може».*

Розум можна поділити на дві частини: одна – що по суті тілесна, а друга – духовна. Тілесний розум означає будь-які думки, що вміщає у собі тіло, і що складається з різної неправди. Тілесні думки – це гріх, тому що вони не відповідають Божій волі. Вони народжують смерть, як написано у Посланні до римлян 6:23: *«Заплата за гріх – смерть»*. І навпаки, духовний розум означає думки істини, які відповідають Божій волі, – праведність і добрість. Духовні думки народжують життя і дають нам мир.

Наприклад, припустимо, вас спіткали труднощі або випробування, які неможливо подолати за допомогою людської сили або можливостей. Тілесні думки приносять занепокоєння і тривогу. Але духовні думки допомагають позбутися занепокоєння, бути вдячними і радіти через Боже слово, в якому написано: *«Завжди радійте! Безперестанку моліться! Подяку складайте за все, бо така Божа воля про вас у Христі Ісусі»* (1 Послання до солунян 5:16-18).

Отже, духовні думки протилежать тілесним думкам. Тож маючи тілесні думки, ви не можете підкоритися Божому закону. Тому тілесні думки ворожі до Бога і заважають нам отримати духовну віру.

2) Учинки/діла тіла.

Учинки/діла тіла означають всі гріхи і все зло, яке проявляється у ділі, саме як записано у Посланні до галатів 5:19-21: *«Учинки тіла явні, то є: перелюб, нечистість, розпуста, ідолослуження, чари, ворожнечі, сварка, заздрість, гнів, суперечки, незгоди, єресі, завидки, п'янство, гулянки й подібне до цього. Я про це попереджую вас, як і попереджав був, що хто чинить таке, не вспадкують вони Царства Божого!»*

Якщо ви не позбудетеся діл тіла, ви не зможете отримати духовну віру та успадкувати Боже Царство. Тому учинки тіла заважають вам отримати духовну віру.

3) Різноманітні теорії.

Тлумачний словник української мови дає визначення поняття «теорія»: «Логічне узагальнення досвіду, суспільної практики, яке ґрунтується на глибокому проникненні в суть досліджуваного явища та розкриває його закономірності» або «сукупність узагальнених положень, які становлять певну науку чи розділ науки». Таке уявлення про теорію – це частина знань, яка підтримує створіння чогось із чогось, але зовсім не допомагає нам здобути духовну віру. Вона швидше утримує нас від здобуття духовної віри.

Давайте розглянемо дві теорії: креаціонізм та теорію еволюції Дарвіна. Більшість людей із шкільних підручників дізнаються про те, що люди еволюціонували із людиноподібних мавп. Прямо протилежною є Біблійна історія про те, що людину створив Бог. Якщо ви вірите у всемогутнього Бога, ви повинні обрати теорію створення людства Богом і дотримуватися її, навіть якщо в школі вас навчали теорії еволюції.

Лише коли ви відвернетеся від теорії еволюції, про яку вам говорили у школі, і віритимете у теорію створення людства Богом, ви зможете отримати духовну віру. Інакше всі теорії заважатимуть вам отримати духовну віру, тому що вам буде неможливо повірити у те, що щось було створене із нічого, виходячи з теорії еволюції. Наприклад, навіть з розвитком науки, люди не можуть здобути зерна життя: сперматозоїд та яйцеклітину. Тож чи можливо повірити у те, що щось створиться із нічого, якщо не покладатися на духовну віру?

Тому ми повинні спростувати всі аргументи і теорії, та будь-яку горду і зарозумілу теорію, яка ставить себе вище за істинне Боже знання, взяти у полон будь-яку думку і скорити її Христу.

2. Душа поділяє тілесні думки і не кориться

Саул був першим царем Ізраїльського народу, але життя його не відповідало Божій волі. Він зійшов на престол на прохання народу. Бог наказав йому розбити Амалика і повністю знищити все, що той мав, а також знищити чоловіків, жінок, дітей, немовлят, биків, овець, верблюдів і ослів, не пощадивши жодного з них. Цар Саул переміг амаликитян. Але він не послухався Божого наказу і пощадив кращих овець і волів.

Саул вчинив, поклавшись на тілесні думки, і пощадив Аґаґа та кращих з овець і волів, ягнят, та всього, що було гарне, бажаючи принести їх у жертву Богові. Він не хотів знищити їх. То був акт непокори і зухвалості в очах Бога. Бог дорікав йому за його гріх через пророка Самуїла, щоби він міг покаятися і позбутися того гріха. Але цар Саул виправдовувався і наполягав на тому, що він праведний (1 Книга Самуїлова 15:2-21).

У наш час існує багато віруючих, які чинять подібно Саулу. Вони не розуміють своєї очевидної непокори, не визнають, коли їх докоряють за це. Замість того вони виправдовуються і наполягають на своїх власних методах, засновуючись на тілесних думках. Отже вони вважаються людьми непокори, які живуть відповідно до тілесних думок, як Саул. Оскільки всі 100 із 100 людей мають різні думки, якщо вони будуть чинити відповідно до своїх власних думок, вони не зможуть бути єдиними. Якщо вони чинитимуть відповідно до власних думок, то стануть непокірними. Але якщо люди чинитимуть відповідно до Божої істини, вони зможуть бути покірними і стануть єдиними.

Бог послав до Саула пророка Самуїла. Саул не скорився Його слову і пророк сказав Саулові: *«Бо непокірливість як гріх ворожбитства, а сваволство як провина та служба бовванам. Через те, що ти відкинув ГОСПОДНІ слова, то Він відкинув тебе, щоб не був ти царем»* (1 Книга Самуїлова 15:23).

Крім того, якщо хтось покладається на людські думки і не дотримується Божої волі, – це непокора Богові, і якщо людина не розуміє своєї непокори і не позбувається свого гріха, Бог залишить її так само, як залишив Саула.

У 1 Посланні Самуїла 15:22 Самуїл докорив Саула: *«Чи жадання ГОСПОДА цілопалень та жертов таке, як послух ГОСПОДНЬОМУ голосу? Таж послух ліпший від жертви, покірливість краща від баранячого лою!»* Незалежно від того, якими правильними можуть здаватися ваші думки, якщо вони протилежать Божому слову, ви повинні покаятися і негайно позбутися їх. Крім того, ви повинні підкорити свої думки Божій волі.

3. Отці віри, які корилися Божому слову

Давид був другим царем Ізраїля. Він не покладався на власні думки з дитинства, а ходив лише у вірі Божій. Він не боявся ведмедів і левів, коли пас отару, а інколи він боровся з левами і ведмедями і перемагав їх з вірою, захищаючи отару овець. Пізніше маючи лише віру, він переміг Голіята, найсильнішого з филистимлян.

Був випадок, коли одного разу Давид не послухався Божого слова після того, як посів на престолі. Коли пророк докорив йому про це, він не став виправдовуватися, але одразу покаявся і позбувся того гріха. А згодом він став більше освяченим. Отже, існувала велика різниця між Саулом, чоловіком тілесних думок, і Давидом, чоловіком духу (1 Книга Самуїлова 12:13).

Коли Мойсей протягом 40 років у пустелі пас отари овець, він зруйнував всі думки і теорії і став лагідним перед Богом, доки Бог не покликав його, щоби він вивів народ Ізраїлю з Єгипетського рабства.

Поклавшись на людські думки, Авраам назвав свою дружину «сестрою». Але ставши людиною духу після випробувань, він зміг скоритися, незважаючи на те, що Бог наказав йому принести у жертву цілопалення свого єдиного сина Ісака. Якби він хоч трохи покладався на тілесні думки, він би не скорився наказові. Ісак був його єдиним сином, якого він народив у старості. Він також мав стати виповненням обітниці Бога. Отже з точки зору людських думок було неможливим порізати його на шматки як тварину і принести у жертву цілопалення. Авраам ніколи не скаржився, але завжди вірив, що Бог зможе оживити сина, і був Йому покірним (Послання до євреїв 11:19).

Нааман, начальник війська сирійського царя, якого

поважав цар, захворів на проказу і прийшов до пророка Єлисея, щоби отримати зцілення. Хоча Нааман приніс багато дарів, Єлисей не пустив його, але відіслав раба, щоби той сказав йому: *«Іди, і вимиєшся сім раз у Йордані, і вигоїться тіло твоє тобі, – й очистишся»* (2 Книга Царів 5:10). Покладаючись на тілесні думки, Нааман подумав, що це образливо і грубо, і оскаженів.

Але за порадою свого раба він зруйнував свої тілесні думки і скорився наказові. Він занурився в Йордан сім разів, його тіло відновилося, і він очистився.

Вода символізує Боже слово, а 7 – це число досконалості, отже «вимитися сім разів в Йордані» означає «стати повністю освяченим Божим словом». Коли ви освячуєтесь, ви можете отримати рішення будь-яких проблем. Отже коли Нааман скорився Божому слову, яке промовив пророк Єлисей, здійснилися дивовижні діла Божі (2 Книга Царів 5:1-14).

4. Відігнавши людські думки і теорії, ви можете бути покірними

Яків був хитрий і мав безліч різних думок, тож різними способами намагався досягти виконання своєї волі. В результаті протягом 20 років він страждав від багатьох негараздів. Зрештою він потрапив у скрутне становище біля річки Яббок. Він не міг повернутися до свого дядька через угоду, яку він уклав зі своїм дядьком не йти далі, бо його старший брат Ісав чекав на протилежному березі річки, щоби вбити його. У цій безнадійній ситуації його власна праведність і думки були повністю знищені. Бог торкнувся серця Ісава і примирив його з братом. Таким чином, Бог відкрив дорогу життя, щоби Яків міг здійснити Боже провидіння (Книга Буття 33:1-4).

У Посланні до римлян 8:5-7 написано: *«Бо ті, хто ходить за тілом, думають про тілесне, а хто за духом про духовне. Бо думка тілесна то смерть, а думка духовна життя та мир, думка бо тілесна ворожнеча на Бога, бо не кориться Законові Божому, та й не може»*. Отже ми повинні зруйнувати будь-яку думку, теорію, яка протистоїть знанню Божому. Ми повинні скорити всі думки Богові, щоби отримати духовну віру і явити діла покори.

В Євангелії від Матвія 5:39-42 Ісус дав нову заповідь: *«А Я вам кажу не противитись злому. І коли вдарить тебе хто у праву щоку твою, підстав йому й другу. А хто хоче тебе позивати й забрати сорочку твою, віддай і плаща йому. А хто силувати тебе буде відбути подорожнє на милю одну, іди з ним навіть дві. Хто просить у тебе то дай, а хто хоче позичити в тебе не відвертайся від нього»*. Ви не можете скоритися цій заповіді, якщо покладатиметесь на власні думки, тому що вони протилежать слову істини. Але якщо ви зруйнуєте людські і тілесні думки, ви можете скоритися цій заповіді з радістю, і Бог все вчинить на добро для вас через вашу покору.

Незважаючи на те, скільки разів ви відкрито заявили про свою віру, доки ви не позбудетесь власних тілесних думок і теорій, ви не зможете коритися Богові та відчувати Його роботу, а також не будете йти до процвітання та успіху.

Я спонукаю вас пам'ятати Боже слово, записане у Книзі Пророка Ісаї 55:8-9: *«Бо ваші думки не Мої це думки, а дороги Мої то не ваші дороги, говорить Господь. Бо наскільки небо вище за землю, настільки вищі дороги Мої за ваші дороги, а думки Мої за ваші думки»*.

Ви повинні уникати тілесних думок і людських теорій, а замість того отримати духовну віру, як сотник, якого похвалив Ісус за його повну довіру Богові. Коли сотник прийшов до Ісуса і попросив Його зцілити свого раба, який лежав розслаблений, він визнав, явивши віру, що раб уздоровиться лише за словом, яке промовить Ісус. Він отримав відповідь за своєю вірою. Так і ви, якщо маєте духовну віру, можете отримати відповіді на всі свої молитви і прохання і повністю прославляти Бога.

Боже слово істини перетворює дух людства і дає йому змогу отримати віру, що супроводжується справами. Ви можете отримати відповіді від Бога, маючи живу духовну віру. Нехай кожен з вас зруйнує всі тілесні думки і людські теорії, отримає духовну віру, щоби мати все, про що просите з вірою, і прославить Бога.

Розділ 4

Сійте зерна віри

«А хто слова навчається,
нехай ділиться всяким добром із навчаючим.
Не обманюйтеся, Бог осміяний бути не може.
Бо що тільки людина посіє, те саме й пожне!
Бо хто сіє для власного тіла свого,
той від тіла тління пожне.
А хто сіє для духа, той від духа пожне життя вічне.
А роблячи добре, не знуджуймося,
бо часу свого пожнемо,
коли не ослабнемо».

Послання до галатів 6:6-10

В Євангелії від Марка 9:23 Ісус промовив: *«Щодо того твого «коли можеш», – то тому, хто вірує, все можливе»*. Отже, коли сотник прийшов до Ісуса і явив велику віру, Ісус сказав йому: *«Іди, і як повірив ти, нехай так тобі й станеться!»* (Євангеліє від Матвія 8:13), і в ту ж мить раб одужав.

Це – духовна віра, яка дозволяє нам вірити у те, що неможливо побачити. І лише віра, що супроводжується справами, дає нам можливість явити свою віру і діла віри. Саме так ми віримо у те, що щось створене із нічого. Тому віра визначається такими словами, що записані у Посланні до євреїв 11:1-3: *«А віра – то підстава сподіваного, доказ небаченого. Бо нею засвідчені старші були. Вірою ми розуміємо, що віки Словом Божим збудовані, так що з невидимого сталось видиме»*.

Якщо ви маєте духовну віру, Бог буде задоволений вашою вірою і дозволить вам отримати все, про що ви просите. Тож що ми маємо робити, щоби отримати духовну віру?

Саме як господар сіє сім'я навесні і збирає врожай восени, ми повинні сіяти сім'я віри, щоби отримати плід духовної віри.

Тепер на основі притч про сім'я і збір врожаю давайте розглянемо, яким чином треба сіяти сім'я. Ісус говорив до людей в притчах, і без притчі нічого Він їм не казав (Євангеліє від Матвія 13:34). Це тому що Бог є дух, а ми – люди, які живуть у матеріальному світі, не можемо зрозуміти духовне царство Боже. Лише коли ми дізнаємося про духовне царство за допомогою притч матеріального світу, ми зможемо зрозуміти істинну волю Бога. Тому я за допомогою деяких притч на тему сільського господарства поясню вам, як треба сіяти сім'я віри і отримати духовну віру.

1. Сіяти сім'я віри

1) По-перше, необхідно вичистити поле.

Передусім господар повинен мати поле, на якому він сіятиме сім'я. Для того, щоби зробити поле придатним, господар повинен застосувати належні добрива, зорати поле, зібрати каміння, розбити великі грудки землі, поборонити і заволочити поле. Лише після цього посіяне сім'я добре ростиме і принесе гарний врожай.

В Біблії Ісус навів для нас приклад чотирьох різних видів землі. Земля означає серце людини. Перша земля, що при дорозі, на якій не могло зійти сім'я, бо вона була дуже тверда. Друга – земля кам'яниста, на якій зерна посходили, але засохли через каміння. Третя – земля терниста, у якій зерна пускають паростки, але не можуть вирости і дати гарний врожай, бо терен глушить їх. Остання, четверта земля, – добра, у якій зерна ростуть, квітнуть і приносять багато плодів.

Так само земля серця людини розподіляється на чотири категорії. Перша – серце-земля при дорозі, коли людина не може зрозуміти Боже слово. Друга – кам'яниста серце-земля, коли люди отримують Боже слово, але відпадають під час труднощів та переслідувань. Третя – терниста серце-земля, у якому клопоти віку цього та омана багатства заглушують слово і воно застається без плоду. Четверта – добра серце-земля, це люди, які слухають слово, розуміють його і плід добрий приносять. Але незалежно від того, яке серце-землю ви маєте, якщо ви оброблятимете і очищатимете її як господар, що посилено трудиться і потіє, працюючи на полі, ваша серце-земля стане доброю землею. Якщо вона тверда, ви повинні перегорнути і вирівняти її. Якщо кам'яниста, – ви маєте прибрати каміння. Якщо терниста, – виполоти терен, а потім зробити землю гарною, додавши «добрива».

Ледачий господар не очищає землю, щоби зробити її гарною, тоді як старанний господар намагається провести меліорацію і вичистити землю, щоби вона стала гарною. Тоді така земля дасть добрий врожай.

Якщо ви маєте віру, то намагатиметесь змінити своє серце, щоби воно стало гарним, посилено трудячись і проливаючи свій піт. Тоді для того, щоби зрозуміти Боже слово, щоби зробити свою землю гарною і щоби вона принесла багато плодів, в повинні боротися зі своїми гріхами до крові і позбутися їх. Отже, старанно вириваючи свої гріхи і зло відповідно до Божого слова, як Бог наказує позбавитися будь-якого зла, ви можете видалити будь-які камені зі свого наділу, прополоти бур'ян і перетворити його на гарне поле.

Господар старанно працює, бо вірить, що збере багатий врожай, якщо оратиме, волочитиме і оброблятиме землю, роблячи її гарною. Так само я бажаю, щоби ви вірили у те, що якщо ви оброблятимете і змінюватимете своє серце-землю, ви перебуватимете у Божій любові, матимете успіх і процвітання і увійдете у найкращу небесну оселю, а також боротиметесь до крові зі своїми гріхами і позбуватиметесь їх. Тоді у ваше серце буде посаджене зерно духовної віри, і ви принесете багато плодів.

2) Необхідно мати сім'я.

Очистивши поле, ви маєте посіяти сім'я і допомогти йому пустити паростки. Господар сіє багато різного насіння і збирає багатий врожай капусти, салату, гарбузів, бобів та інших культур.

Так само ми повинні сіяти різні зерна у своє серце-землю. Боже слово говорить, щоби ми завжди раділи, безперестанку молилися, дякували за все, віддавали десятину, святили День Господній і любили. Якщо ці слова Божі посаджені у ваше серце, вони проростуть, пустять бруньки і виростуть, давши духовний врожай. Ви зможете жити за словом Божим і отримаєте духовну віру.

3) Необхідні вода і сонячне світло.

Щоби господар зібрав гарний врожай, недостатнім буде просто вичистити поле і підготувати зерна. Вода і сонячне світло також необхідні. Лише тоді зерна проростуть і добре ростимуть.

Що означає вода?

В Євангелії від Івана 4:14 Ісус сказав: *«А хто питиме воду, що Я йому дам, прагнути не буде повік, бо вода, що Я йому дам, стане в нім джерелом тієї води, що тече в життя вічне».* З духовної точки зору вода означає «воду, що тече в життя вічне», а вічна вода означає Боже слово, яке записане в Євангелії від Івана 6:63: *«То дух, що оживлює, тіло ж не помагає нічого. Слова, що їх Я говорив вам, то дух і життя».* Тому Ісус промовив в Євангелії від Івана 6:53-55: *«І сказав їм Ісус: Поправді, поправді кажу вам: Якщо ви споживати не будете тіла Сина Людського й пити не будете крови Його, то в собі ви не будете мати життя. Хто тіло Моє споживає та кров Мою п'є, той має вічне життя, і того воскрешу Я останнього дня. Бо тіло Моє то правдиво пожива, Моя ж кров то правдиво пиття»*. Таким чином, лише якщо ви будете старанно читати, слухати, міркувати над Божим словом і щиро молитися, ви зможете йти шляхом вічного життя і отримати духовну віру.

Що означає сонячне світло?
Сонячне світло допомагає зернам пустити паростки і добре рости. Так само якщо Боже слово увійде у ваше серце, тоді слово-світло, прожене темряву з серця. Воно очистить ваше серце і перетворить його на гарне поле. Тож ви можете отримати духовну віру в залежності від того, як світло істини наповнить ваше серце.

Через притчу про сіяча ми дізналися про те, що ми маємо очистити своє серце-землю, підготувати добрі зерна, поливати і забезпечувати достатньою кількістю сонячного світла, коли будуть посаджені зерна віри. Далі давайте розглянемо, як садити і вирощувати зерна віри.

2. Як садити і вирощувати зерна віри

1) По-перше, необхідно посіяти зерно віри відповідно до слова Божого.

Господар сіє зерна по-різному відповідно до їхньої культури. Деякі зерна він закопує глибоко у землю, а інші – майже на поверхні. Так само ви повинні змінювати способи сівби зерен віри за допомогою Божого слова. Наприклад, якщо ви сієте молитви, ви повинні звертатися до Бога щирим серцем, а також схилятися на коліна, як написано у Божому Слові. Лише тоді ви зможете отримати відповіді від Бога (Євангеліє від Івана 22:39-46).

2) По-друге, необхідно сіяти з вірою.

Саме як господар дбайливо і завзято сіє зерна, бо вірить і сподівається на гарний врожай, ви повинні сіяти зерна віри, Боже Слово, з радістю і надією, що Бог дасть вам зібрати багатий врожай. Отже у 2 Посланні до коринтян 9:6-7 Він підбадьорює нас: *«А до цього кажу: Хто скупо сіє, той скупо й жатиме, а хто сіє щедро, той щедро й жатиме! Нехай кожен дає, як серце йому призволяє, не в смутку й не з примусу, бо Бог любить того, хто з радістю дає!»*

Закон цього світу і закон духовного царства полягає у тому, що ми пожнемо те, що посіяли. Тож з ростом вашої віри ваше серце-земля ставатиме кращим. Якщо ви сієте більше, ви більше і пожнете. Тому незалежно від виду зерна, ви повинні сіяти його з вірою, вдячністю і радістю, щоби зібрати багатий врожай.

3) По-третє, необхідно добре доглядати за зернами, які пустили паростки.

Після того, як господар підготував землю і посіяв зерна,

він має вчасно поливати рослини, запобігати виникненню хробаків та комах, які можуть пошкодити рослини, удобрювати і прополювати землю. Інакше рослини зав'януть і не будуть рости. Після того, як Боже слово було посаджене, його необхідно обробляти і оберігати від ворога, сатани і диявола. Необхідно обробляти його гарячою молитвою, триматися за нього з радістю і подякою, ходити на богослужіння, спілкуватися з християнами, читати і слухати Боже Слово, а також служити. Тоді посіяне зерно може пустити паростки, зацвісти і принести плід.

3. Процес розпускання квітів і народження плодів

Якщо господар не доглядатиме за зернами після сівби, їх з'їдять хробаки, задушить бур'ян, вони не виростуть і не дадуть плодів. Господар не повинен стомлюватися, але наполегливо і терпляче вирощувати рослини доки вони не дадуть багатий врожай. Коли прийде час, зерна виростуть, зацвітуть і нарешті дадуть плоди, завдяки бджолам і метеликам. Коли плоди дозріють, господар може з радістю зібрати врожай. Який він буде щасливий, коли його праця і терпіння перетворяться на коштовні і гарні плоди, які у сто, шістдесят або тридцять разів більші від того, що він посіяв!

1) Спочатку розквітають духовні квіти.

Що означають слова: «Зерна віри проростають і дають духовний цвіт»? Якщо квіти цвітуть, вони випускають аромат, приваблюючи бджіл та метеликів. Так само, коли ми посіяли зерна Божого слова у своє серце-землю, і якщо доглядаємо за ними, ми житимемо відповідно до Божого слова, квітнути духовним цвітом і поширювати аромат Христа. Крім того, ми можемо відігравати роль світла і солі для цього світу, щоби більше людей бачили наші добрі справи і прославляли нашого небесного Отця (Євангеліє від Матвія 5:16).

Якщо ви випускаєте аромат Христа, ворог-диявол буде вигнаний, і ви зможете прославити Бога вдома, на роботі та у приватному бізнесі. Їсте ви чи п'єте, або зайняті чимось іншим, ви завжди можете прославляти Бога. В результаті ви принесете плоди євангелізму, досягнете царства і правди Божої і перетвориться на людину духу, очистивши своє серце-землю і зробивши її доброю.

2) Потім з'являються і достигають плоди.

Після квітів з'являються плоди, а коли вони достигають, господар їх збирає. Якщо застосувати це до віри, то який плід ми можемо принести? Ми можемо принести різні плоди Святого Духу, включаючи дев'ять плодів Святого Духу, які записані у Посланні до галатів 5:22-23, плоди заповідей блаженства, які записані в Євангелії від Матвія 5, а також плоди духовної любові, які записані у 1 Посланні до коринтян 13.

Читаючи Біблію і слухаючи Боже слово, ми можемо перевірити, чи дали ми цвіт, чи принесли плоди, і наскільки вони досягли. Коли плоди повністю досягають, ми можемо зібрати їх у будь-який час і насолоджуватися ними. У Псалмі 37:4 написано: *«Хай Господь буде розкіш твоя, – і Він здійснить тобі твого серця бажання!»* Це можна порівняти із вкладанням мільйонів доларів на банківський депозит і мати можливість витрачати ці гроші на будь-що.

3) Зрештою ви пожнете посіяне.

Коли приходить час, господар пожинає посіяне, і так відбувається з року в рік. Тут кількість зібраного врожаю відрізняється в залежності від того, скільки було посіяно, і як старанно і вірно він піклувався про зерна.

Якщо ви сіяли у молитвах, ваш дух процвітатиме, якщо ви сіяли відданістю і служінням, ви насолоджуватиметесь гарним здоров'ям духу і тіла. Якщо ви старанно сіяли фінансово, вам будуть дані фінансові благословення і ви допомагатимете бідним добродійними внесками скільки вам буде завгодно. У Посланні до галатів 6:7 Бог обіцяє: *«Не обманюйтеся, Бог осміяний бути не може. Бо що тільки людина посіє, те саме й пожне!»*

У багатьох місцях Біблії підтверджується ця обітниця: що людина посіє, те і пожне. У сімнадцятій главі 1 Книги Царів записана історія про вдову із Сарепти. Через засуху у тій землі вода у струмку висохла, і вдова з сином були на межі голодування. Та вона знайшла лише пригорщу борошна в дзбанку та трохи олії в горняті для Іллі, чоловіка Божого. У ті часи, коли їжа була ціннішою за золото, вдова не могла зробити таке, якби не мала віри. Вона вірила і покладалася на Боже слово, яке пророкував Ілля, і сіяла з вірою. Бог дав їй дивовижне благословення за її віру: вони з сином та Ілля завжди мали їжу доки не скінчився голод (1 Книга Царів 17:8-16).

В Євангелії від Марка 12:41-44 розповідається про бідну вдовицю, яка поклала до скарбниці дві лепті, тобто гріш. Вона отримала велике благословення, коли Ісус похвалив її вчинок.

Бог запровадив закон духовного царства і сказав, що ми посіємо те, що пожнемо. Але я спонукаю вас пам'ятати, що ви насміхаєтеся над Богом, якщо не посіяли, але бажаєте пожати. Ви маєте вірити у те, що Бог дозволить вам пожати у сто, шістдесят або тридцять разів більше, ніж ви посіяли.

За допомогою притчі про сіяча ми довідалися про те, як садити зерна віри і ростити їх, щоби отримати духовну віру. Тепер я бажаю, щоби ви провели меліорацію свого серця-землі і зробили його придатним. Сійте сім'я віри і зрощуйте їх. Отже ви повинні сіяти якомога більше і вирощувати їх з вірою, надією і терпінням, щоби отримати у сто, шістдесят або тридцять разів більші благословення.

Коли настане певний час, ви пожнете врожай і прославите Бога.

Бажаю, щоби кожен з вас вірив кожному слову Біблії і сіяв сім'я віри, відповідно до того, чому учить Боже слово, щоби принести багатий врожай, прославити Бога і насолоджуватися різноманітними благословеннями!

Розділ 5

«Щодо того твого «коли можеш»,
– то тому, хто вірує, все можливе!»

І Він [Ісус] запитав його батька:
Як давно йому сталося це? Той сказав: Із дитинства.
І почасту кидав він ним і в огонь,
і до води, щоб його погубити.
Але коли можеш що Ти,
то змилуйся над нами, і нам поможи!
Ісус же йому відказав: Щодо того твого «коли можеш»,
– то тому, хто вірує, все можливе!
Зараз батько хлоп'яти з слізьми закричав і сказав:
Вірую, Господи, поможи недовірству моєму!
А Ісус, як побачив, що натовп збігається,
то нечистому духові заказав, і сказав йому:
Душе німий і глухий, тобі Я наказую: вийди з нього,
і більше у нього не входь!
І, закричавши та міцно затрясши, той вийшов.
І він став, немов мертвий,
аж багато-хто стали казати, що помер він...
А Ісус узяв за руку його та й підвів його,
і той устав.

Євангеліє від Марка 9:21-27

Люди накопичують свій життєвий досвід завдяки враженням, які отримують: радість, смуток, біль. Багато хто з них інколи стикається з серйозними проблемами, які неможливо вирішити без сліз, терпіння або допомоги інших людей.

Такі проблеми або хвороби неможливо вирішити без допомоги сучасної медицини; розумові проблеми від стресу неможливо розплутати без філософських догм або психологічної допомоги. Проблеми спілкування у родині між батьками і дітьми неможливо вирішити за допомогою грошей і навіть неймовірного багатства. Проблеми у бізнесі та у фінансовій сфері життя неможливо вирішити за допомогою будь-яких намагань або зусиль.

В Євангелії від Марка 9:21-27 записана розмова Ісуса з батьком, син якого був одержимий злими духами. Дитина тяжко страждала: хлопець був глухонімий і страждав від приступів епілепсії. Він часто кидався у воду та у вогонь, бо ним володіли демони. Де демони хапали хлопця, там вони кидали його на землю, з рота у нього з'являлася піна, скрипіли зуби, і тіло ставало негнучким.

Тепер давайте розглянемо, як батько отримав вирішення проблеми від Ісуса.

1. Ісус докорив батькові за його невіру

Хлопець був глухонімий від народження, тож не міг нікого чути, а також йому важко було щось пояснити іншим людям. Часто його мучили приступи епілепсії з конвульсіями. Тому його батько мав жити у болі і тривозі, не маючи надії.

Тоді батько почув звістку про Ісуса, Який воскрешав мертвих, зціляв хворих, сліпим давав зір та чинив багато див. Звістка народила надію у серці батька. Він подумав: «Якби він мав таку саме силу, про яку я чув, він міг би уздоровити мого сина від його хвороб». Батько сподівався, що зцілення-таки можливе. Маючи такі сподівання, він привів свого сина до Ісуса і благав Його: «Коли можеш що Ти, то змилуйсь над нами, і нам поможи!»

Почувши це, Ісус докорив батька у невірстві, промовивши: «Що до того твого "коли можеш", – то тому, хто вірує, все можливе!» Він сказав так тому, що батько чув про Ісуса, але не вірив у Нього від усього серця.

Якби батько вірив у те, що Ісус – Син Божий, Всемогутній, для Якого немає нічого неможливого, що Він – Істина, він би ніколи не промовив: «Коли можеш що Ти, то змилуйсь над нами, і нам поможи!»

Без віри неможливо догодити Богові, а без духовної віри неможливо отримати відповіді. Щоби Ісус дозволив батькові зрозуміти це, Він промовив: «Що до того твого «коли можеш», і докорив йому у тому, що він не до кінця вірив.

2. Як отримати абсолютну віру

Якщо ви вірите у те, що неможливо побачити, Бог може прийняти вашу віру, і така віра називається «духовною», «істинною», «живою» або «вірою, що підкріплюється ділами». Маючи таку віру, ви можете вірити у те, що щось створене із нічого. Це тому, що віра – то підстава сподіваного, доказ небаченого (Послання до євреїв 11:1-3).

Ви маєте вірити у серці у смерть Ісуса на хресті, Його воскресіння, у те, що Господь прийде знову, у Боже створіння світу і у дива. Лише тоді ви отримаєте повну віру. Якщо ви визнаєте свою віру своїми вустами, то це – істинна віра.

Існує три умови для отримання абсолютної віри.

По-перше, повинні бути зруйновані всі перешкоди, що відділяють вас від Бога. Якщо ви маєте гріхи, що перешкоджають вам, ви повинні зруйнувати їх і покаятися. Крім того, ви повинні боротися зі своїми гріхами до крові і уникати будь-якого зла, щоби зовсім не грішити. Якщо ви ненавидите гріх так, що навіть подумавши про гріх, вас охоплює занепокоєння, ви нервуєте лише поглянувши на гріх, то чи зможете ви навіть наважитися згрішити? Замість життя у гріхах ви можете спілкуватися з Богом і отримати абсолютну віру.

По-друге, ви повинні дотримуватися Божої волі. Щоби виконувати Божу волю, по-перше ви повинні чітко її розуміти. Тоді, незалежно від ваших бажань, якщо то не буде Божа воля, ви не повинні того робити. З іншої сторони, що би то не було, якщо ви не бажаєте чогось робити, якщо то воля Божа, ви повинні її виконати. Якщо ви дотримуватиметесь Його волі всім серцем, щирістю силою і мудрістю, Він дасть вам абсолютну віру.

По-третє, ви повинні догоджати Богові, проявляючи до Нього свою любов. Якщо ви все робите, щоби прославити Його, їсте ви, чи п'єте, або займаєтеся будь-чим, якщо ви догоджаєте Богові освячуючи себе, ви обов'язково отримаєте абсолютну віру. Саме ця віра робить можливим неможливе. Завдяки цій абсолютній вірі ви не лише вірите у те, що можна побачити та досягти власними силами, але й у невидиме, що неможливо виконати покладаючись на власні сили. Отже, якщо ви сповідуєте абсолютну віру, все неможливе стане можливим.

Таким чином, якщо на вас зійде Боже слово, яке говорить: «Щодо того твого «коли можеш, – то тому, хто вірує, все можливе!», ви зможете прославляти Господа в усьому.

3. Тому, хто вірує, все можливе

Коли ви отримаєте абсолютну віру, для вас все буде можливим, і ви отримаєте рішення всіх своїх проблем. У яких сферах ви можете відчувати силу Бога, Який неможливе робить можливим? Давайте роздивимося три різні проблеми.

Перша проблема – хвороби.

Припустимо, ви захворіли внаслідок бактеріальної або вірусної інфекції. Якщо ви проявляєте віру і сповнені Святим Духом, вогонь Святого Духу спалить ті хвороби і ви одужаєте. Тобто, якщо ви покаєтеся у своїх гріхах і позбудетеся їх, ви можете отримати зцілення через молитви. Якщо ви – новачок у вірі, ви повинні відкрити своє серце і слухати Боже слово доки не зможете явити свою віру.

Якщо ви тяжко хворі і вас неможливо вилікувати медичними препаратами, ви повинні явити доказ великої віри. Лише якщо ви повністю покаєтеся у своїх гріхах, роздравши своє серце, і пригорнетеся до Бога у сльозних молитвах, ви зможете отримати зцілення. Але люди, які мають слабку віру, або ті, хто лише почав ходити у церкву, не можуть отримати зцілення доки не отримають духовну віру. Лише тоді зцілення відбуватиметься з ними потроху.

Нарешті фізичні деформації тіла, аномалії, кульгавість, глухота, розумові та фізичні вади неможливо відновити без Божої сили. Люди, які страждають від таких недоліків, мають явити свою щирість до Бога і явити доказ своєї віри, любов до Бога, щоби догодити Йому, щоби Він визнав їх. Тоді робота зцілення може відбутися з ними завдяки Божої сили.

Такі зцілення можуть відбутися з людьми лише якщо вони являть справи віри, саме як сліпий Вартимей кликав до Ісуса (Євангеліє від Марка 10:46-52), як сотник явив свою віру (Євангеліє від Матвія 8:6-13), а також розслаблений і його четверо друзів явили доказ своєї віри Ісусові (Євангеліє від Марка 2:3-12).

Друга проблема – фінанси.

Якщо ви спробуєте вирішити проблему фінансів за допомогою власних знань, методів та досвіду без Божої допомоги, ваша проблема вирішиться лише відповідно ваших намагань і зусиль. Однак якщо ви позбудетеся гріхів, триматиметесь Божої волі і передасте свою проблему Богові з вірою, що Він вестиме вас Своїм шляхом, тоді ваша душа процвітатиме, все буде вестися добре у вас і ви матимете гарне здоров'я. Крім того, перебуваючи у Святому

Дусі, ви отримаєте Божі благословення.

Яків тримався людських шляхів і мудрості у своєму житті до змагання з анголом Божим біля річки Яббок. Ангол торкнувся його стегна і воно змістилося. У тому двобої з Божим анголом він скорився Богові і все віддав Йому. Відтоді він отримав благословення від Бога перебувати з ним. Так само, якщо ви любите Бога, догоджайте Йому і віддайте все в Його руки. Тоді все у вас буде вестися добре.

Третя проблема стосується того, як отримати духовну силу.

У 1 Посланні до коринтян 4:20 написано, що Боже Царство не в слові, а в силі. Сила збільшується, коли ми отримуємо абсолютну віру. Божа сила сходить на нас різними способами відповідно до нашої міри молитов, віри і любові. Діла Божих див, які стоять на вищому рівні ніж дар зцілення, можуть здійснювати лише ті, хто отримав Божу силу внаслідок молитов і посту.

Отже, якщо ви маєте абсолютну віру, неможливе буде для вас можливим, і ви сміливо визнаєте: «Що до того твого «коли можеш», – то тому, хто вірує, все можливе!»

4. «Вірую, Господи, – поможи недовірству моєму!»

Для отримання рішень будь-яких проблем Існує певний процес.

По-перше, щоби розпочати процес, ви повинні сповідати віру своїми вустами.

Жив колись чоловік, який довгий час тужив, бо його син був одержимий злими духами. Коли він почув про Ісуса, він дуже захотів Його побачити. Пізніше батько привів свого сина до Ісуса, думаючи, що він, можливо, отримає зцілення. Хоча він не був упевнений, однак попросив Ісуса зцілити його.

Ісус докорив батькові, промовивши: *«Тому, хто вірує, все можливе»* (Євангеліє від Марка 9:23). Після цих слів батько покликав до Ісуса і сказав: *«Вірую, Господи, – поможи недовірству моєму!»* (Євангеліє від Марка 9:23) Таким чином, він сповідав свою віру перед Ісусом.

Батько почув своїми вухами, що все можливе з Ісусом, розумів це і сповідав свою віру своїми вустами, але він не сповідав віру, яка виходила з його серця. Незважаючи на те, що батько мав віру-знання, його сповідання спонукало до духовної віри і привело його до отримання відповідей.

По-друге, ви повинні мати духовну віру, яка змушує вас вірити всім серцем.

Батько хлопця, одержимого демонами, палко бажав отримати духовну віру і сказав Ісусові: *«Вірую, Господи, – поможи недовірству моєму!»* (Євангеліє від Марка 9:23) Коли Ісус почув прохання батька, Він вже знав його щире серце, правдивість, серйозність прохання і віру, тож дав йому духовну віру, яка дозволила йому вірити всім серцем. Отже оскільки батько отримав духовну віру, Бог міг працювати для нього, і він отримав відповідь від Бога.

Коли в Євангелії від Марка 9:25 Ісус промовив: *«Душе німий і глухий, тобі Я наказую: вийди з нього, і більше у нього не входь!»*, злий дух вийшов із хлопця.

Одним словом, батько хлопчика не міг отримати Божу відповідь, маючи тілесну віру, яка зберігалася як знання. Але отримавши духовну віру, він одразу отримав відповідь від Бога.

По-третє, необхідно кликати у молитві до останнього, доки не отримаєте відповідь.

У Книзі Пророка Єремії 33:3 Бог обіцяє: *«Поклукуй до Мене і тобі відповім, і тобі розповім про велике та незрозуміле, чого ти не знаїш!»* А у Книзі Пророка Єзекіїля 36:37 Він навчає нас: *«Ще на це прихилюся до Ізраїлевого дому, щоб зробити їм»*. Як написано вище, Ісус, пророки Старого Заповіту та учні у Новому Заповіті покликували до Бога і молилися Йому, щоби отримати відповіді від Нього.

Так само, лише через покликування у молитві ви можете отримати віру, яка дозволяє вам вірити від усього серця, і лише завдяки духовній вірі ви можете отримати відповіді на молитви і вирішити проблеми. Ви повинні покликувати у молитвах доки не отримаєте відповіді, і тоді неможливе стане можливим для вас. Батько дитини, яка була одержима нечистими духами, зміг отримати відповідь, тому що покликав до Ісуса.

Історія про батька і сина, одержимого нечистими духами, дає нам важливий урок Божого закону. Щоби відчути Боже слово, у якому написано: «Щодо того твого «коли можеш», – то тому, хто вірує, все можливе!», ви повинні перстворити свою тілесну віру на духовну, яка допоможе вам отримати абсолютну віру, стояти на скелі і коритися без сумнівів.

У підсумку, можна сказати, що вам необхідно сповідати своєю тілесною вірою, що зберігається як знання. Тоді ви маєте покликати до Бога у молитвах доки не отримаєте відповіді. І зрештою ви повинні отримати духовну віру згори, яка дає можливість вірити від усього серця.

Щоби відповідати трьом умовам для отримання повних відповідей, спочатку зруйнуйте стіну гріха між собою і Богом. Являйте дії віри зі щирістю. Нехай ваша душа процвітає. Якщо ви виконаєте ці три умови, ви отримаєте духовну віру згори і неможливе зробите можливим.

Якщо ви намагатиметесь вирішити проблеми самостійно замість того, щоби передати їх всемогутньому Богові, ви матимете негаразди і вас спіткатимуть труднощі. І навпаки, якщо ви позбудетеся людських думок, які змушують вас думати, що це неможливо, і віддасте все Богові, Він все зробить для вас, то чи залишиться щось неможливе?

Думка тілесна – ворожнеча на Бога (Послання до римлян 8:7). Такі думки заважають вам вірити і змушують вас розчаровувати Бога, роблячи негативні визнання. Вони допомагають сатані обвинувачувати вас, а також приносять вам випробування і негаразди, хвилювання і труднощі. Тому ви повинні зруйнувати ці тілесні думки. Незалежно від того, з якими проблемами ви зустрінетеся, включаючи проблеми процвітання душі, бізнесу, роботи, хвороб або родинні негаразди, ви повинні передати їх в руки Бога. Ви маєте покластися на всемогутнього Бога, вірити у те, що Він зробить можливим неможливе, і зруйнувати всі тілесні думки вірою.

Якщо ви стверджуєте: «Я вірую» і молитеся Богові від щирого серця, Бог дасть вам віру, яка допоможе вірити від щирого серця, і завдяки цій вірі він дасть вам відповіді на будь-які проблеми, щоби ви прославили Його. Це благословенне життя!

В ім'я Господа нашого Ісуса Христа я молюся про те, щоби ви ходили лише у вірі, щоби змогли досягти Божого

Царства і правди Його, виконати Велике Доручення проповіді Євангелія всьому світу, виконувати Божу волю, доручену вам, а також робити неможливе можливим як солдати хреста, і сяяти світлом Христа!

Розділ 6

Даниїл покладався лише на Бога

А як цар наближався до ями,
до Даниїла, то кликнув сумним голосом.
Цар заговорив та й сказав до Даниїла:
Даниїле, рабе Бога Живого, чи твій Бог,
Якому ти завжди служиш, міг урятувати тебе від левів?
Тоді Даниїл заговорив із царем: Царю, навіки живи!
Мій Бог послав Свого Ангола, і позамикав пащі левів,
і вони не пошкодили мені,
бо перед Ним знайдено було мене невинним,
а також перед тобою, царю,
я не зробив шкоди.

―――※―――

Книга Пророка Даниїла 6:21-23

Коли Даниїл був хлопчиком, його забрали у полон до Вавилонії. Але пізніше він знайшов прихильність в очах царя, ставши другою за значенням людиною після нього. Оскільки він над усе любив Бога, Бог дав йому знання і розум в усіх сферах мудрости та розуму. Даниїл навіть розумів видіння і сни. Він був політиком і пророком, який являв Божу волю.

За свого життя Даниїл ніколи не йшов на компроміс зі світом у служінні Богу. Він долав всі труднощі і випробування з вірою мученика і прославляв Бога з тріумфом віри. Що ми маємо робити, щоби отримати таку саму віру, яку мав Даниїл?

Давайте розглянемо, чому Даниїла, особу, наближеною до царя, правителя Вавилонського царства, кидали у лев'ячу яму, і як він вцілів, не отримавши жодної подряпини.

1. Даниїл – чоловік віри

За часу правління царя Єровоама об'єднане царство Ізраїлю було поділене на два: Південне Царство, Юдею, і Північне Царство, Ізраїль, через моральне розкладання Царя Соломона (1 Книга Царів 11:26-36). Царі та народ, які корилися Божим заповідям, процвітали, народи ж, не покірні закону Божому, мали бути знищені.

У 722 році до нашої ери Північне Царство Ізраїлю було зруйноване через напад ассирійців. Тоді велика кількість народу потрапила у полон до ассирійців. Південне Царство, Юдею, також захопили вороги, але не знищили його.

Пізніше цар Навуходоносор напав на Південне Царство, Юдею, і з третьої спроби знищив місто Єрусалим і зруйнував Божий храм. То сталося у 586 році до нашої ери.

На третій день правління царя Юдейського Єгоякима, цар вавилонський Навуходоносор прийшов до Єрусалима і оточив його. Після першої атаки цар Навуходоносор закував царя Єгоякима у бронзові ланцюги, щоби відвести його у Вавилон, а також взяв до Вавилону декілька предметів з храму Божого.

Даниїл був взятий у полон разом із царською родиною та вельможами. Вони жили у землі язичників, однак Даниїл процвітав, перебуваючи у служінні декільком царям: Навуходоносору і Валтасару, царям вавилонським, а також Дарію і Киру, царям перським. Даниїл довгий час жив у язичницьких країнах і був одним із служителів, другим після царя. Але він явив віру, маючи яку він не йшов на компроміс зі світом, але жив переможним життям Божого пророка.

Навуходоносор, вавилонський цар, наказав начальнику євнухів, взяти синів Ізраїльського народу, у тому числі когось із царського та шляхетського роду, юнаків, які не мали жодних вад, вродливих, розумних в усякій мудрості, і здібні до знання, і розуміють науку, і щоб у них була моторність служити у царському палаці, і щоб навчати їх книг та мови халдеїв. І призначив їм цар щоденну поживу, з царської їжі та з вина, що сам його пив, а на їхнє виховання – три роки, а по закінченні їх стануть вони перед царським обличчям. Даниїл був серед тих юнаків (Книга Даниїла 1:4-5).

Але Даниїл поклав собі на серце, що він не оскверниться їжею царя та питвом, що той сам його пив, і просив від начальника євнухів, щоби не осквернитися (Книга Пророка Даниїла 1:8). Такою була віра Даниїла, який хотів дотримуватися Божого закону. Бог дав Даниїлові ласку та милість перед начальником євнухів (вірш 9). І цей старший відносив їхню їжу та вино їхнього пиття, а давав їм ярину (вірш 16).

Бачачи віру Даниїла, Бог дав йому знання і розуміння в кожній книжці та мудрості. А Даниїл розумівся на всякому видінні та снах (вірш 17). А всяку справу мудрости та розуму, що шукав від нього цар, то він знайшов його удесятеро мудрішим від усіх чарівників та заклиначів, що були в усьому його царстві (вірш 20).

Пізніше цар Навуходоносор був стурбований своїм сном, так що не міг спати. Жоден із халдеїв не міг виясняти його сон. Але Даниїл мав успіх у виясненні того сну завдяки мудрості і силі Божій. Тоді цар звеличив Даниїла і дав йому численні дарунки, і вчинив його паном над усім вавилонським краєм, і великим провідником над усіма вавилонськими мудрецями (Книга Даниїла 2:46-48).

Даниїл здобув прихильність та визнання не лише за часів царювання Навуходоносора, царя вавилонського, але й за часи царювання Валтасара. Цар Валтасар офіційно оголосив про те, що Даниїл мав владу як третій правитель у царстві. Коли царя Валтасара було вбито, і царем став Дарій, Даниїл продовжував перебувати у милості царя.

Цар Дарій поставив над царством сто й двадцять сатрапів, щоб були над усім царством. А вище від них – три найвищі урядники, що одним із них був Даниїл. Даниїл блищав над найвищими урядниками та сатрапами, бо в ньому був високий дух, і цар задумував поставити його над усім царством.

Тоді найвищі урядники та сатрапи стали шукати причини оскаржити Даниїла в справі царства, але жодної причини чи вади знайти не могли, бо той був вірний, і жодна помилка чи вада не була знайдена на нього. Вони організували змову знайти на Даниїла основу на обвинувачення у законі його Бога. Вони попросили царя видати заборону, щоб аж до тридцяти день кожен, хто буде просити яке прохання від якого-будь бога чи людини, крім царя, був укинений до лев'ячої ями. Вони попросили царя затвердити заборону і написати писання, яке не могло б бути змінене за законом мідян та персів, що не міг би бути відмінений. Тому цар Дарій написав це писання та заборону, тобто наказ.

А Даниїл, коли довідався, що було написане те писання, пішов до свого дому, – а вікна його в його горниці були відчинені навпроти Єрусалиму, і в три усталені порі на день він падав на свої коліна, і молився та славив свого Бога, бо робив так і перед тим (Книга Пророка Даниїла 6:10). Даниїл знав, що його кинуть до лев'ячої ями, якщо він порушить наказ, але прийняв рішення загинути мученицькою смертю, служачи лише Богові.

Навіть у вавилонському полоні Даниїл завжди пам'ятав Божу милість і палко любив Його, так що ставав на коліна тричі на день, молився і безперестанку дякував Йому. Він мав міцну віру і ніколи не йшов на компроміс зі світом у служінні Богові.

2. Даниїл у лев'ячій ямі

Люди, які заздрили Даниїлові, змовилися і побачили, як Даниїл просив і благав свого Бога. Тоді вони прийшли до царя і розповіли про царську заборону. Зрештою цар зрозумів, що його попросили видати заборону не для блага царя, але через свою змову прибрати Даниїла, і був дуже вражений. Але оскільки цар підписав наказ і оголосив заборону, він сам не міг відмінити його.

Почувши такі слова, цар дуже засмутився і задумав врятувати Даниїла. Але урядники і сатрапи заявили царю, що усяка заборона та постанова, яку цар установить, не може бути змінена.

Цар був вимушений видати наказ, щоби Даниїла кинули у лев'ячу яму. І принесений був один камінь, і був покладений на отвір ями. Даниїлову справу неможливо було змінити.

Тоді цар, який прихильно ставився до Даниїла, пішов до свого палацу і провів ніч у пості, і без розваг, а сон помандрував від нього. Того часу цар устав на світанку і поспіхом пішов до лев'ячої ями. Звичайно, оскільки Даниїла кинули до лев'ячої ями, його вже могло там не бути живого. Але цар поспішив до лев'ячої ями, сподіваючись, що, можливо, Даниїл вижив.

У той час багатьох засуджених до смерті злочинців кидали до лев'ячої ями. Але яким чином Даниїл зміг подолати голодних левів і залишитися живим? Цар подумав, що Бог, якому служив Даниїл, міг його врятувати, і підійшов ближче до ями. Цар кликнув сумним голосом і заговорив до Даниїла: «Даниїле, рабе Бога Живого, чи твій Бог, якому ти завжди служиш, міг урятувати тебе від левів?»

До подиву царя, Даниїл відповів: *«Царю, навіки живи! Мій Бог послав Свого Ангола, і позамикав пащі левів, і вони не пошкодили мені, бо перед Ним знайдено було мене невинним, а також перед тобою, царю, я не зробив шкоди»* (Книга Пророка Даниїла 6:22-23).

Тоді цар дуже зрадів і сказав вивести Даниїла з ями. І Даниїл був виведений з ями, і жодної шкоди не знайдено на ньому, бо він вірував у Бога свого. То була велика перемога віри! Оскільки Даниїл вірив у живого Бога, він залишився живим серед голодних левів і явив славу Божу навіть язичникам.

Тоді цар дав наказ, і привели до нього тих мужів, що донесли на Даниїла, і повкидали до лев'ячої ями їх, їхніх дітей та їхніх жінок. І вони не сягнули ще до дна ями, як леви вже похапали їх, і потрощили всі їхні кості (Книга Пророка Даниїла 6:24). Того часу цар Дарій написав до всіх народів, племен та язиків, що мешкали по всій землі, щоби вони боялися Бога, Який явив їм Себе.

Цар видав наказ: *«Нехай мир вам примножиться! Від мене виданий наказ, щоб у всьому пануванні мого царства тремтіли та боялися перед Даниїловим Богом, бо Він Бог Живий і існує повіки, і царство Його не буде зруйноване, а панування Його аж до кінця. Він рятує та визволяє, і чинить знаки та чуда на небі та на землі, Він урятував Даниїла від левів»* (Книга Пророка Даниїла 6:26-28).

То була перемога віри! Все відбулося так тому, що Даниїл

не мав жодного гріха і повністю довіряв Богові. Якщо ми ходимо у слові Божому і перебуваємо у Його любові, незалежно від ситуації чи обставин, Бог дасть вам спосіб врятуватися і зробить вас переможцем.

3. Даниїл – переможець, який мав велику віру

Яку віру мав Даниїл, що дозволила йому так прославити Бога? Давайте розглянемо, яку віру мав Даниїл, що міг перемагати будь-які негаразди і являти славу живого Бога багатьом людям.

По-перше, Даниїл ніколи не йшов на компроміс з цим світом.

Даниїл відповідав за загальні справи країни і був одним з урядників та сатрапів вавилонських і добре знав, що буде вкинений до лев'ячої ями, якщо порушить наказ. Але він ніколи не керувався людськими думками і мудрістю. Він не боявся людей, які склали план проти нього. Він ставав на коліна і молився Богові так само, як робив досі. Якби Даниїл дотримувався людських думок, тоді протягом 30 днів згідно наказу він би не молився своєму Богові у своїй кімнаті. Однак Даниїл такого не вчинив. Він не став жаліти своє життя, а також не йшов на компроміс із цим світом. Він лише зберіг свою віру і любов до Бога.

Одним словом, це сталося тому, що Даниїл мав віру

мученика. Знаючи, що вийшов наказ про заборону, він увійшов до свого дому, зайшов у горницю, вікна якої були відчинені навпроти Єрусалиму. Три рази на день він падав на свої коліна, і молився та славив свого Бога, бо робив так і перед тим.

По-друге, Даниїл мав таку віру, що не переставав молитися.

Потрапивши у ситуацію, коли він мав підготуватися до смерті, Даниїл молився Богові, як робив завжди. Він не хотів чинити гріх, переставши молитися (1 Книга Самуїлова 12:23).

Молитви – це хліб нашого духу, тож ми не повинні переставати молитися. Коли до нас приходять випробування і страждання, ми повинні молитися, а коли ми у спокої, ми повинні молитися, щоби не впасти у спокусу (Євангеліє від Луки 22:40). Оскільки Даниїл не перестав молитися, він зберіг свою віру і подолав труднощі.

По-третє, Даниїл мав таку віру, що дякував за будь-яких обставин.

Багато отців віри, про яких написано в Біблії, дякували за все, маючи віру, тому що вони знали, що їхня віра – істинна, і що вони мають бути вдячними Богові за будь-яких обставин. Коли Даниїла було кинуто до лев'ячої ями за те, що він дотримувався Божого закону, то стало перемогою віри. Навіть якби його з'їли леви, він би потрапив до рук Бога і жив би у вічному Божому Царстві. Даниїл не мав страху незважаючи на результат. Якщо людина повністю вірить у небеса, вона не боїться смерті.

Навіть якби Даниїл став правителем царства після царя, то була би лише тимчасова слава. Але якби йому довелося триматися своєї віри і загинути мученицькою смертю, його би визнав Бог і вважав великим у Небесному Царстві, і він жив би у вічній сяючій славі. Тому єдиним, що він робив, було висловлення подяки.

По-четверте, Даниїл ніколи не грішив. Він мав віру, якої він тримався, і здійснював на практиці Боже слово.

З точки зору справ уряду не було підстав висунути обвинувачення проти Даниїла. Не було жодного прикладу корумпованості або недбалості у житті Даниїла. Його життя було безгрішним!

Даниїл не шкодував і не мав упередженості до царя, який наказав кинути його до лев'ячої ями. Замість того він залишався вірним цареві так що промовив до нього: «Царю, навіки живи!» Якби таке випробування спіткало Даниїла через те, що він вчинив гріхи, Бог не захистив би його. Але оскільки Даниїл не грішив, його захищав Бог.

По-п'яте, Даниїл мав таку віру, що довіряв лише Богові.

Якби ми мали шанобливий страх перед Богом, повністю покладалися на Нього і всі свої справи передавали у Божі руки, Він би вирішив за нас всі наші проблеми. Даниїл повністю довіряв Богові і покладався лише на Нього. Тож він не йшов на компроміс зі світом, але обрав Божий закон і попросив Його про допомогу. Бог бачив віру Даниїла і все зробив йому на добро. Благословення додалися до благословень, так що Бог прославився.

Якби ми мали таку віру, яку мав Даниїл, незалежно від того, які випробування та труднощі спіткають нас, ми здолали б їх, вони стали б для нас благословеннями, і ми свідчили б про живого Бога. Ворог-сатана блукає поряд, вишукуючи кого б поглинути. Тож ми повинні протистояти дияволові міцною вірою і жити під Божим захистом, дотримуючись Божого слова.

Через негаразди, які спіткають нас, того, хто трохи потерпів, Бог упевнить, зміцнить, угрунтує (1 Послання Петра 5:10). В ім'я Господа нашого Ісуса Христа я молюся про те, щоби ви мали таку саму віру, яку мав Даниїл, завжди ходили з Богом і прославляли Його!

Розділ 7

Господь нагледить

Та озвався до нього Ангол ГОСПОДНІЙ
із неба й сказав: Аврааме, Аврааме!
А той відізвався: Ось я! І Ангол промовив:
Не витягай своєї руки до хлопця, і нічого йому не чини,
бо тепер Я довідався, що ти богобійний,
і не пожалів для Мене сина свого,
одинака свого. А Авраам звів очі свої та й побачив,
аж ось один баран зав'яз у гущавині своїми рогами.
І пішов Авраам, і взяв барана,
і приніс його на цілопалення замість сина свого.
І назвав Авраам ім'я місця того:
ГОСПОДЬ нагледить, що й сьогодні говориться:
На горі ГОСПОДЬ з'явиться.

Книга Буття 22:11-14

Господь нагледить! Навіть чути це приємно і зворушливо! Це означає, що Бог готує все заздалегідь. Сьогодні багато віруючих в Бога чули і знають, що Бог робить, готує і веде нас заздалегідь. Але більшість людей не можуть відчути Боже слово у своєму житті.

Слова «Господь нагледить» – це благословення, правда і надія. Всі бажають і прагнуть цього. Якщо ми не розуміємо шлях, якого стосуються ці слова, ми не можемо стати на дорогу благословення. Тож я хочу поділитися з вами вірою Авраама, чоловіка, який отримав благословення «Господь нагледить».

1. Авраам ставив Боже слово понад усе

В Євангелії від Марка 12:30 Ісус говорить: *«Люби Господа, Бога свого, усім серцем своїм, і всією душею своєю, і всім своїм розумом, і з цілої сили своєї!»*. Як написано у Книзі Буття 22:11-14, Авраам любив Бога так, що міг говорити з Ним віч-на-віч, він розумів Божу волю і отримав благословення «Господь нагледить». Ви повинні розуміти, що він невипадково отримав все те.

Авраам ставив Бога понад усе і вважав Його слово ціннішим від усього іншого. Тож він не покладався на власні думки і завжди був готовий коритися Богові. Оскільки він був вірним Богові, а також ніколи не говорив неправди, Авраам від глибини серця був готовий отримати благословення.

У Книзі Буття 12:1-3 Бог сказав Авраамові: *«І промовив Господь до Аврама: Вийди зо своєї землі, і від родини своєї, і з дому батька свого до Краю, який Я тобі покажу. І народом великим тебе Я вчиню, і поблагословлю Я тебе, і звеличу ймення твоє, і будеш ти благословенням. І поблагословлю, хто тебе благословить, хто ж тебе проклинає, того прокляну. І благословляться в тобі всі племена землі!»*

За таких умов якби Авраам покладався на власні думки, він би розхвилювався, коли Бог наказав йому залишити свою землю, своїх рідних і хату свого батька. Але він вважав Бога-Отця, Творця, першим. Таким чином він міг коритися і виконувати Божу волю. Так само всі люди можуть коритися Богові з радістю, якщо справді люблять Його. Тому що віритимуть, що Бог змушує працювати все їм на добро.

У багатьох місцях Біблії розповідається про отців віри, які ставили Боже слово на перше місце і все робили за Його наказом. У 1 Книзі Царів 19:20-21 написано: *«І позоставив той [Єлисей] волів, та й побіг за Іллею й сказав: Нехай поцілую я батька свого та свою матір, та й піду за тобою! А той відказав йому: Іди, але вернися, бо що я зробив тобі? І вернувся він від нього, і взяв запряга волів та й приніс його в жертву, а ярмами волів зварив його* м'ясо, і дав народові, а ті їли. І він устав, і пішов за Іллею, та й служив йому». Коли Бог покликав Єлисея через Іллю, той негайно залишив все, що мав, і скорився Божій волі.

Таке саме відбулося з учнями Ісуса. Коли Ісус покликав їх, вони негайно пішли за Ним. В Євангілії від Матвія 4:18-22 написано: *«Як проходив же Він поблизу Галілейського моря, то побачив двох братів: Симона, що зветься Петром, та Андрія, його брата, що невода в море закидали, бо рибалки були. І Він каже до них: Ідіть за Мною, Я зроблю вас ловцями людей! І вони зараз покинули сіті, та й пішли вслід за Ним. І, далі пішовши звідти, Він побачив двох інших братів, Зеведеєвого сина Якова та Івана, його брата, із Зеведеєм, їхнім батьком, що лагодили свого невода в човні, і покликав Він їх. Вони зараз залишили човна та батька свого, та й пішли вслід за Ним».*

Тому я палко спонукаю вас мати таку віру, щоби ви могли скоритися будь-якій Божій волі і зважали спершу на Боже слово, щоби Бог міг все зробити вам на добро Своєю силою.

2. Авраам завжди відповідав: «Так!»

Відповідно до Божого слова Авраам залишив свою землю Харан і прийшов у землю Ханаан. Але через голод йому довелося перейти у землю єгипетську (Книга Буття 12:10). Там Авраам назвав свою дружину «сестрою», щоби його не вбили. Щодо цього випадку деякі люди говорять, що він обманув людей, тому що був боягузом. Але насправді він не збрехав, але використав людську думку. Доведений факт, що коли Авраамові був даний наказ залишити свою землю, він підкорився без страху. Тож неправда, що Авраам обманув людей через те, що був боягузом. Він зробив так не лише тому, що дружина дійсно була однією із його двоюрідних сестер, але також тому, що він вважав кращим назвати її «сестрою» ніж «дружиною».

Під час перебування в Єгипті Бог очистив Авраама, так що він повністю покладався на Нього, маючи абсолютну віру, не тримаючись людських думок та знань. Він завжди був готовий скоритися, але у нього залишалися тілесні думки, яких необхідно було позбутися. Через це випробування Бог зробив так, щоби єгипетський фараон добре до нього ставився. Бог дав Авраамові багато благословень, у тому числі овець, волів, віслюків, верблюдів рабів і слуг.

Це свідчить про те, що якщо нас спіткають випробування через нашу непокору, ми повинні їх відчути, а негаразди спіткають нас через тілесні думки, яких ми ще не позбулися, хоча ми тепер слухняні, Бог все робить нам до добро.

Це випробування змусило його сказати лише «Амінь» і бути покірним в усьому, а згодом Бог наказав йому принести у жертву цілопалення свого єдиного сина. У Книзі Буття 22:1 написано: *«І сталось після цих випадків, що Бог випробовував Авраама. І сказав Він до нього: Аврааме! А той відказав: Ось я!»*

Коли народився Ісак, Авраамові було сто років, а його дружині Сарі – дев'яносто років. Вони вже не могли мати дітей, але лише за милістю та обітницею Бога в них народився син. Той син був для них найціннішим над усе. Крім того, він був сім'ям Божої обітниці. Тому Авраам сильно здивувався, коли Бог наказав йому принести свого сина у жертву цілопалення як тварину. То було поза людським розумінням.

Оскільки Авраам вірив, що Бог зможе воскресити його сина, він зміг скоритися Божому наказу (Послання до євреїв 11:17-19). З іншої точки зору оскільки всі його тілесні думки були знищені, він отримав таку віру, що зміг віддати свого єдиного сина Ісака у жертву цілопалення.

Бог бачив віру Авраама і приготував барана для цілопалення, так що Авраам не торкнувся свого сина. Авраам побачив барана, який зав'яз у гущавині своїми рогами, і пішов Авраам, і взяв барана, і приніс його на цілопалення замість сина свого. І назвав Авраам ім'я місця того: «ГОСПОДЬ нагледить».

Бог похвалив Авраама за його віру, промовивши слова,

які записані у Книзі Буття 22:12: *«Тепер Я довідався, що ти богобійний, і не пожалів для Мене сина свого, одинака свого»*, і дав йому дивовижну обітницю і благословення, які записані у віршах 17-18: *«Благословляючи, Я поблагословлю тебе, і розмножуючи, розмножу потомство твоє, немов зорі на небі, і немов той пісок, що на березі моря. І потомство твоє внаслідує брами твоїх ворогів. І всі народи землі будуть потомством твоїм благословляти себе через те, що послухався ти Мого голосу».*

Навіть якщо ваша віра не досягла рівня віри, яку мав Авраам, ви інколи могли відчувати благословення «ГОСПОДЬ нагледить». Коли ви лише збиралися щось робити, ви дізнавалися, що Бог вже підготував це. Так сталося тому що ваше серце було поряд з Богом у том момент. Якщо ви можете отримати таку саме віру, яку мав Авраам, і повністю скоритися Богові, ви житимете у благословенні «ГОСПОДЬ нагледить» будь-де і будь-коли, то життя у Христі буде для вас дивовижним!

Щоби ви могли отримати благословення «ГОСПОДЬ нагледить», ви повинні сказати «Амінь» на будь-який наказ Бога і ходити лише у Божій волі, не наполягаючи на виконанні власних думок. Ви повинні здобути визнання від Бога. Тому Бог чітко говорить нам, що послух ліпший від жертви (1 Книга Самуїлова 15:22).

Ісус, бувши в Божій подобі, не вважав за захват бути Богові рівним, але Він умалив Самого Себе, прийнявши вигляд раба, ставши подібним до людини; і подобою ставши, як людина, Він упокорив Себе, бувши слухняний аж до смерти, і до смерти хресної... (Послання до филип'ян 2:6-8). Щодо повної покори у 2 Посланні до коринтян 1:19-20 написано: *«Бо Син Божий Ісус Христос, що ми Його вам проповідували, я й Силуан, і Тимофій, не був Так і Ні, але в Нім було Так. Скільки бо Божих обітниць, то в Ньому Так, і в Ньому Амінь, Богові на славу через нас».*

Оскільки єдиний Син Божий говорив лише «Так», ми повинні без сумнівів говорити: «Амінь» на кожне Боже слово і прославляти Його, отримуючи благословення «ГОСПОДЬ нагледить».

3. Авраам шукав миру і святости в усьому

Оскільки Авраам вважав Боже слово найголовнішим у житті і любив Бога понад усе, він говорив лише «Амінь» і повністю корився слову Бога, так що догоджав Йому.

Крім того, Авраам повністю освятився і завжди шукав миру з усіма, так що отримав визнання від Бога.

У Книзі Буття 13:8-9 він промовив до свого племінника Лота: *«Нехай сварки не буде між мною та між тобою, і* поміж пастухами моїми та поміж пастухами твоїми, бо близька ми рідня. Хіба не ввесь Край перед обличчям твоїм? Відділися від мене! Коли підеш ліворуч, то я піду праворуч, а як ти праворуч, то піду я ліворуч».*

Він був старший від Лота, але дав племінникові право вибору землі, щоби між ними був мир, пожертвувавши собою. Авраам не шукав власної вигоди, а думав лише про інших людей, бо мав духовну любов. Так само якщо ви живете в істині, ви не повинні сваритися або хвалитися, щоби бути у мирі з усіма людьми.

У Книзі Буття 14:12, 16 ми читаємо про те, що коли Авраам дізнався, що його племінника взяли у полон, він узброїв своїх вправних слуг, що в домі його находились, три сотні й вісімнадцять. І вернув він усе добро, а також Лота, небожа свого, і добро його повернув, а також жінок та людей. І оскільки він був абсолютно чесний і ходив прямими шляхами, він дав Мелхиседеку, царю Салиму, десятину зо всього, що належало Йому, а все інше повернув царю Содому, промовивши: *«Від нитки аж до ремінця сандалів я не візьму з того всього, що твоє, щоб ти не сказав: Збагатив я Аврама»* (вірш 23). Отже Авраам шукав не лише миру в усьому, але також ходив безгрішним і чесним шляхом.

У Посланні до євреїв 12:14 написано: *«Пильнуйте про мир зо всіма, і про святість, без якої ніхто не побачить*

Господа». Я палко спонукаю вас зрозуміти, що Авраам зміг отримати благословення «ГОСПОДЬ нагледить» тому що шукав миру з усіма і досяг освячення. Я також спонукаю вас стати такою людиною, якою був Авраам.

4. Вірити у силу Бога-Творця

Щоби отримати благословення «ГОСПОДЬ нагледить», ми повинні вірити у силу Бога. У Посланні до євреїв 11:17-19 нам сказано: *«Вірою Авраам, випробовуваний, привів був на жертву Ісака, і, мавши обітницю, приніс однородженого, що йому було сказано: В Ісакові буде насіння тобі. Бо він розумів, що Бог має силу й воскресити з мертвих, тому й одержав його на прообраз»*. Авраам вірив у силу Бога-Творця, що вона може здійснити будь-що, тож він вірив Богові, не покладаючись на тілесні та людські думки.

Щоби ви зробили, якби Бог наказав вам віддати у жертву цілопалення свого єдиного сина? Якщо ви вірите у силу Бога, для Якого нічого немає неможливого, незалежно від того, наскільки це неприємно, ви зможете скоритися Йому. Тоді ви отримаєте благословення «ГОСПОДЬ нагледить».

Оскільки Божа сила безмежна, Він готує наперед, виконує і винагороджує нас благословеннями, якщо ми повністю коримося, не маючи жодних тілесних думок, як Авраам. Якщо ми любимо щось більше за Бога і говоримо «Амінь» лише коли погоджуємося своїми думками і теоріями, ми ніколи не отримаємо благословення «ГОСПОДЬ нагледить».

Як написано у 2 Посланні до коринтян 10:5: *«Ми руйнуємо задуми, і всяке винесення, що підіймається проти пізнання Бога, і полонимо всяке знання на послух Христові»*, щоби відчути благословення «ГОСПОДЬ нагледить», ми повинні відкинути людські думки, отримати духовну віру, щоби завжди говорити «Амінь». Якби Мойсей не мав духовної віри, чи міг би він розділити Червоне море? Чи міг Ісус Навин без духовної віри зруйнувати місто Єрихон?

Якщо ви слухаєтеся лише того, що узгоджується з вашими думками і знаннями, це неможливо назвати духовною покорою. Бог створює щось із нічого. Тож невже Його сила така сама, як сила і знання людей, які створюють щось із чогось?

В Євангелії від Матвія 5:39-44 написано: *«А Я вам кажу не противитись злому. І коли вдарить тебе хто у праву щоку твою, підстав йому й другу. А хто хоче тебе позивати й забрати сорочку твою, віддай і плаща йому. А хто силувати тебе буде відбути подорожнє на милю одну, іди з ним навіть дві. Хто просить у тебе то дай, а хто хоче позичити в тебе не відвертайсь від нього. Ви чули, що сказано: Люби свого ближнього, і ненавидь свого ворога. А Я вам кажу: Любіть ворогів своїх, благословляйте тих, хто вас проклинає, творіть добро тим, хто ненавидить вас, і моліться за тих, хто вас переслідує».*

Наскільки відрізняється слово Божої істини від наших думок і знань? Я спонукаю вас запам'ятати, що якщо ви спробуєте сказати «Амінь» на те, що узгоджується з вашими думками, ви не досягнете Царства Божого і не отримаєте благословення «ГОСПОДЬ нагледить».

Навіть якщо ви сповідуєте віру у всемогутнього Бога, чи не спіткали вас негаразди, чи не охоплювала тривога і неспокій, коли у вас виникали проблеми? Тоді це неможливо назвати істинною вірою. Якщо ви маєте істинну віру, ви повинні вірити у Божу силу і передати всі проблеми в Його руки з радістю і подякою.

В ім'я Господа нашого Ісуса Христа я молюся про те, щоби ви ставили Бога на перше місце, стали слухняними настільки, щоби говорити лише «Амінь» на кожне Боже слово, мали мир з усіма у святості і вірили у силу Бога, Який може воскрешати мертвих, щоби ви отримали благословення «ГОСПОДЬ нагледить»!

Автор:
Доктор Джерок Лі

Доктор Джерок Лі народився у 1943 році у Муані, провінція Джеоннам, Республіка Корея. До тридцяти років на протязі семи років доктор Лі страждав від невилікових хвороб і мав померти, не маючи надії на одужання. Одного дня навесні 1974 року його сестра привела його до церкви. І коли він став на коліна і помолився Богові, Бог зцілив його від усіх хвороб.

З того моменту, коли доктор Лі познав живого Бога через такий чудовий випадок, він щиро полюбив Бога усім серцем. А у 1978 році Бог покликав його на служіння. Джерок Лі палко молився про те, щоби ясно зрозуміти волю Бога та повністю виконати її. У 1982 році він заснував Центральну Церков Манмін у Сеулі, Південна Корея, а також почав виконувати численні Божі справи. У церкві почали відбуватися чудесні зцілення і дива.

У 1986 році доктор Лі отримав духовний сан пастора Щорічної асамблеї християнської церкви Сункюл, Корея. А через чотири роки, у 1990 році, його проповіді почали трансулюватися в Австралії, Росії і на Філіпінах. Через деякий час ще більше країн отримали змогу чути радіопрограми завдяки роботі Радіотрансляційної кампанії Далекого Сходу, Широкомовної станції Азії та Християнського радіо мережі Вашингтон.

Через три роки, у 1993, журнал *Християнський світ* (США) оголосив Центральну Церкву Манмін однією з «50 найбільших церков світу». Доктор Лі отримав почесний ступінь доктора богослов'я у Коледжі Християнської віри, Флоріда, США. А у 1996 році – ступінь доктора духівництва у Теологічній семінарії Кінгсвей, Айова, США.

З 1993 року доктор Лі керує всесвітньою місією, проводить багато кампаній у Танзанії, Аргентині, Латинській Америці, Місті Балтимор, на Гавайях, у місті Нью-Йорк (США), в Уганді, Японії, Пакистані, Кенії, на Філіппінах, у Гондурасі, Індії, Росії, Німеччині, Перу, Демократичній Республіці Конго, Ізраїлі та Естонії.

У 2002 найбільша християнська газета Кореї назвала Джерок Лі «Всесвітнім пастором» за його роботу у багатьох великий об'єднаних кампаніях, що проводилися за кордоном. Особливо його «Кампанія Нью-Йорк 2006», яка проводилася у Медісон Сквер Гарден, найвідомішій у світі арені, транслювалася для 220 країн світу. Під час «Ізраїльської об'єднаної кампанії 2009», яка проводилася у Міжнародному Центрі Конвенцій в Ізраїлі, доктор Лі сміливо проголосив Ісуса Христа Месією і Спасителем.

Його проповіді транслюються у 176 країнах світу через супутники, у тому числі телебачення ВМХ. Також доктор Джерок Лі потрапив у десятку найвпливовіших християнських лідерів 2009 і 2010 років за версією найпопулярнішого російського журналу «Ін Вікторі» і нового агентства «Крістіан Телеграф» за його могутнє телевізійне служіння і пасторське служіння за кордоном.

З червня 2017 року Центральна Церква Манмін налічує більше 120 000 членів. Вона має 11 000 церков-філій в усьому світі, у тому числі 56 домашніх церков-філій, також відправила більше 102 місіонерів у 23 країни світу, у тому числі США, Росію, Німеччину, Канаду, Японію, Китай, Францію, Індію, Кенію та багато інших.

На момент виходу цієї книжки доктор Лі написав 108 книжок, серед яких є бестселери: *«Відчути вічне життя до смерті»*, *«Моє життя, моя віра I і II»*, *«Слово про хрест»*, *«Міра віри»*, *«Небеса I і II»*, *«Пекло»*, *«Пробудження Ізраїлю»* і *«Сила Бога»*. Його роботи були перекладені більш ніж на 76 мов.

Його статті друкуються на шпальтах видань: «Ганкук Ілбо», «ДжунАн Дейлі», «Чосун Ілбо», «Дон-А Ілбо», «Сеул Шінмун», «Кунгуан Шінмун», «Економічна щоденна газета Кореї», «Шіса Ньюс» та «Християнська газета».

Доктор Лі є головою багатьох місіонерських організацій та об'єднань. Він – голова Об'єднаної церкви святості Ісуса Христа; незмінний президент Асоціації всесвітньої місії християнського відродження; засновник і голова правління Всесвітньої християнської мережі (ВХМ); засновник і голова правління Всесвітньої мережі християн-лікарів (ВМХЛ); а також засновник і голова правління Міжнародної семінарії Манмін (МСМ).

Інші відомі книжки автора

Небеса I & II

Детальна розповідь про розкішне оточення, в якому житимуть небесні мешканці, а також прекрасний опис різних рівнів небесних царств.

Слово про Хрест

Сильна проповідь пробудження про всіх людей, які перебувають у духовному сні. Із цієї книги ви дізнаєтеся про те, чому Ісус – Єдиний Спаситель, а також про істинну Божу любов.

Пекло

Відкрите послання Бога всьому людству. Він бажає, щоби жодна людина не потрапила у пекло. Ви дізнаєтеся про досі невідомі думки щодо жорстокої дійсності Гадесу та пекла.

Міра Віри

Які оселі, вінці та нагороди приготовані для вас на небесах? Ця книга додасть вам мудрості і скерує вас, щоби ви виміряли свою віру, розвивали і вдосконалювали її.

Пробудження Ізраїлю

Чому Бог споглядав за Ізраїлем з самого початку і до теперішніх часів? Яке провидіння було приготоване в останні дні для Ізраїльського народу, який досі чекає на Месію?

Моє Життя, Моя Віра I & II

Автобіографія доктора Джерок Лі дозволяє читачам відчути найприємніший духовний аромат, розповідаючи про життя, що цвіте надмірною любов'ю до Бога посеред чорних хвиль, холодного ярма і найглибшого розпачу.

Сила Бога

Книга, яку бажано прочитати всім. Ця книга – важливий провідник, завдяки якому кожен може оволодіти істинною вірою і відчути дивовижну силу Бога.

www.urimbooks.com

www.ingramcontent.com/pod-product-compliance
Lightning Source LLC
LaVergne TN
LVHW092054060526
838201LV00047B/1382